大名成语典故

李文军 主编

中国发展出版社
CHINA DEVELOPMENT PRESS

图书在版编目（CIP）数据

大名成语典故 / 李文军主编．—北京：中国发展出版社，2017.12
ISBN 978-7-5177-0712-7

Ⅰ．①大… Ⅱ．①李… Ⅲ．①文化史—研究—大名县 Ⅳ．① K292.24

中国版本图书馆 CIP 数据核字（2017）第 161739 号

书　　名：大名成语典故
著作责任者：李文军
出 版 发 行：中国发展出版社
（北京市西城区百万庄大街 16 号 8 层　100037）
标 准 书 号：ISBN 978-7-5177-0712-7
经　销　者：各地新华书店
印　刷　者：北京市密东印刷有限公司
开　　本：710mm × 1000mm　1/16
印　　张：21
字　　数：284 千字
版　　次：2017 年 12 月第 1 版
印　　次：2017 年 12 月第 1 次印刷
定　　价：49.00 元

联 系 电 话：（010）88919581　68990692
购 书 热 线：（010）68990682　68990686
网 络 订 购：http://zgfzcbs. tmall. com//
网 购 电 话：（010）88333349　68990639
本 社 网 址：http://www.develpress. com. cn
电 子 邮 件：370118561@qq. com

《大名成语典故》编委会

序　一

“大名”一词始见于《史记·魏世家》，本意乃“兴旺发达”之意。周惠王十六年（公元前661年）冬，晋伐灭霍、耿、魏，以魏封毕万。晋国掌卜大夫郭偃曰：“毕万之后必大矣，万，满数也；魏，大名也。”此为后世大名府、大名县冠名之渊源。

大名枕燕赵而瞰韩魏，倚太行而抚泰岳；黄河三逾其境，运河纵贯南北。漳卫交汇，沃野千里。大名形胜之域，兵家必争之地。夏为观扈之国，商为殷都，周为魏武侯别都，沉寂于秦，再繁荣于隋唐，复鼎盛于五代和宋，元明清承其盛，民国后日渐式微。纵观大名的发展进程，其独特的地理优势历来受到帝王将相、文人雅士的青睐。他们或戎马倥偬、傲啸长空，或横槊赋诗、歌咏华章，成就了大名作为“乱世雄藩，治世重镇”而走进历史文化名城之列，各类文化元素在此碰撞、交融，取长补短，推陈出新，孕育出独特的“大名府文化”。

大名古都文化遗韵流长。大名历史上先后作为大小朝廷的都城十五次，其中正都八次，陪都七次。上古时期的黄帝部落及其后裔曾在此活动，鲧、禹曾在此治水。商汤以此为根据地灭夏建国，曾迁都于此，盘庚迁殷后，此为京畿之地。齐桓公在此筑五鹿城“以卫诸夏”，魏武侯以此为“别都”拒赵抗齐，争霸中原。五代李存勖在此定都，升魏州为东京建立后唐，留下“生子当如李亚子”之佳话。仅五代时期，就在此设正都一次，陪都四次。北宋仁宗庆历二年后为北京（陪都）、两宋之交金藩国“大齐”刘豫之北京（正都）和北都（陪都）。其他像战国时孙燕（孙膑之侄）之燕都、隋末宇文化及之“许”都、唐中期史思明之周都（燕都）和田悦之“魏都”也都在此建立小朝廷或地方割据政权。仅计春秋以后作为国都、陪都长达三百多年，这是大名发展史上一段极其壮丽的时期，决定了大名在历史上的地位及对后世的影响。

大名古为兵家必争之地，军事文化底蕴丰富。大名倚“枢毂中原，襟带齐鲁”之势，有“控扼河朔，北门锁钥”之称，得此地“王者不得不为王，霸者不得不为霸，奸猾得之，是以致天下不安”。纵观大名历史，金戈铁马、腥风血雨，战事连连。如：马陵之战、五鹿之战、唐末五代时期多次的魏州之战、邺都之战、宋辽大名府之战、宋金大名府之战、王友直收复大名之战、宋、金、蒙古大名府争夺战、元末刘福通兵陷大名路、靖难之役、明清鏖兵、清闯大混战、清初的大名府八卦教起义、天理教起义、清末的白莲教、捻军征战大名府、民国前期冀南红枪会攻占大名城、奉军、直鲁联军、国民革命军争夺大名之战、国民革命军何基沣大名抗战，到共产党领导的抗日元城战役和大名起义等，简直可以叙写半部中国战争史。魏州的兴盛衰亡，东京、邺都的辉煌败落，大名府的天下闻名，无不是战争的洗礼之结果，大名几乎见证了整个中华民族的历史演进。雄浑的大名大地，经历了无数战争创伤，频繁的战乱使经济文化凋敝，生产力遭到严重破坏，人口锐减，昔日繁华的通都大邑——北京大名府逐步走向衰落。

大名衙署文化积淀丰厚。自曹魏在元城建阳平郡至日军侵占冀南，先后有贵乡郡、魏州、武阳郡、河北道、兴唐府、广晋府、河北路、大名府、天雄军、大名省、大名路、大顺广道、三省总督、直隶总督、直隶省会、冀南道、大名道、大名专区等三十多次县级以上的军政机构设在大名，其中八次相当于省级，大名作为黄河以北的区域中心城市长达一千七百年。设在大名境内的衙署，囊括了我国自秦代以来各级行政机构。纵观大名的发展进程，凸显的地理优势成就了大名以北方重镇的身份走进历史名城之列，不愧为“乱世雄藩，治世重镇”。

大名钟灵毓秀，人才济济，帝王将相、豪杰才俊辈出，先后诞生三帝、六后，“不乏倜傥、瑰琦、忠孝、廉节之俦”。战国时期中华名将孙武、孙膑，世传其兵法，名扬中外。王莽代汉，大胆改革，倡土地国有，稳定民生，但终因无力应对封建正统思想，以致人亡政息。胡适称“王莽是中国第一位社会主义者”，毛泽东、吕思勉、钱穆等众多政治家、史学家也给予了公正评价。东汉王充被誉为“中国古代唯物主义者和启蒙思想家”。盛唐文武全才、出将入相的郭震才干垂范后世，配享凌烟阁。魏博藩帅田承嗣、田悦、田弘正、何弘敬、韩君雄、韩简、乐彦祯、罗弘信、罗绍威等世称一代枭雄。何弘敬迎请义玄禅师驻锡大名兴化寺，促成了临济（禅）宗的形成与壮大。宋代刘安世一生直谏，人称“殿上虎”；柳开力排浮靡文风；宋白学问宏博；刘筠始创“西昆体”为一代诗学宗师；潘美、曹翰等开国名将战功赫赫；郭永以死抗金，气壮山河；元代有科学家齐履谦；勇于改革的经济学家卢世荣；董复亨一族，九世将门公侯，满门忠烈；李爱鲁家族战功卓著，世袭六代魏国公，彪炳《元史》；明清黄立极、成基命、成克巩为首辅重臣；兵部、工部尚书刘遵宪“清端受知”，族裔至今兴旺。崔述始创疑古史学派。

至近代，有直南革命策源地奠基人谢台臣；中国共产党早期女党员、妇女运动的先驱郭隆真；直南豫北革命策源地创始人冯品毅；红军师长柴鸿儒等；挂云山跳崖殉国的抗日女英雄吕秀兰；一代歌后邓丽君赢得“十亿掌声”，蜚声海内外等。斯为人杰，誉满华夏，谱写壮丽篇章，为这片热土亦为整个中华民族的发展做出了卓越的贡献。河北省立第七师范学校是“直南革命策源地”，点燃了冀鲁豫三省交界二十余县的燎原之火。

古往今来，上感召于斯土的贤臣良将众多。盛唐名相狄仁杰，气定神闲演绎魏州空城退契丹的佳话；百战成名的符存审、符彦卿父子，功勋卓著；北宋名相吕夷简、文彦博、韩琦、寇准驻守于此，功著青史，万世流芳；欧阳修、苏澈、黄庭坚等，或官或教于此，吟咏赋诗，世传美誉。魏德深、包拯、丁春膏等，爱民勤政，德政永为后人纪念。被誉为“明末战神”大名道卢象升麾下精锐号为“天雄军”，“马革裹尸终不还”，熠熠闪光，永垂青史。

智慧、勤劳、勇敢、坚韧无私、宽厚大度的大名人民在长期的探索实践中，形成了以“革新、求实、侠义、包容、奉献、爱国”为内容的“大名府文化”，成就了大名特殊的精神面貌。

革故鼎新的进取精神。大名人不墨守成规，不落窠臼，应势而变，敢为天下先。王莽改革中的土地国有、均产、废奴三大政策实为改善民生，所以胡适称“王莽是中国第一位社会主义者”。合作化时期的大名农村互助社全国闻名，1977年夏，万北村实行土地承包制，早于安徽小岗村，开我国农村改革先河。

求真务实的实干精神。大名人富有理想，敢于实践，立足实际，精于创业。王充因“伤伪书俗文，多不实诚，故为《论衡》”，力倡“元气自然论”，其哲学理论“始若诡异，终有理实”，对后世影响极大。卢世荣首次提出由国家专营海外贸易思想，至今仍有现实意义。五得利面粉集团以作坊起家，经年间产业已跃居全球第一。大名小磨香油享誉全国，打入东南亚、欧美等国市场。

果敢坚毅、敢于抗争的侠义精神。大名“近齐鲁，多风雅君子”，然“其人亦多任侠仗义，有燕赵遗风”，义勇尚武，民风剽悍，抑强扶弱。春秋时卫公子伋和公子寿在此演绎“二子争死”的壮举。盛唐时郭元振年十六赠人资钱四十万，不问姓氏，留下“元振济窆”之典故。吴保安为救未曾谋面的同乡“弃家赎友”，义薄云天；唐魏博牙军“阔视大言，自树一家，天子不能制，有司不能问”，使田承嗣、田悦、何进滔、罗绍威等名闻史籍，五代李存勖恃魏州银枪孝节军得建“后唐”。在压迫面前敢于抗争，在外族入侵面前勇于反抗，大名府起义是金朝历史上最大的反抗起义。明末大名府义女西秀曾“以一女而完一城，此不世之功也……”，慷慨赴困解府城之围，其事亘古稀见；侍奉赡养战友寡母45年的申少廷（宁少雪），离乡背井、更名换姓，此道德楷模，世间无二。日寇侵华，大名人民在冀鲁豫三省交界掀起抗日怒潮。今天，大名尚武之风仍浓，是全国武术之乡。

兼收并蓄的包容精神。大名地处水陆交汇中心，燕赵、齐鲁、韩魏、江淮等地域文化在大名碰撞、交融、升华。大名以博大深邃的胸襟，大气开放的心态，勇敢善于接纳新事物，儒教、道教、佛教、天主教、基督教、伊斯兰教等宗教和谐共存，互不扰攘。

担当天下兴亡的爱国精神。大名人以天下兴亡为已任，与时代同呼吸，乱世出武将平天下，盛世多重臣治国家。战国时孙膑战绩卓著，万世流芳。安史之乱，“河朔三女子”誓杀反贼令人敬佩。盛唐名相郭震治理边陲，牛羊被野，路不拾遗。北宋刘安世勇于进谏，正义于朝廷，匡扶朝纲。宋靖康年间，武僧李智究、马和尚率义军集结大名白马寺，形成以大名为核心的“河北义军”，屡创金军。明末黄立极、成基命危难辅政，勤施于国，力挽狂澜，扶危定倾。清初成克巩首辅，励精图治，美誉“太平宰相”。抗战时期，大名县于日本无条件投降前率先解放，为战略大反攻做出了极大的贡献。

悠悠千年，沧海桑田，人物两非，昔日的通都大邑如今已蜕变成一座静寂边城，唯有厚重的历史文化还遗留在我们面前。如何认识、利用这一笔笔精神财富考验着我们这一代人的智慧。

大名县人民历来重视历史文化的研究挖掘和古城的保护，历届县委、县政府在财力有限的情况下，都不放松对古城内的资金投入，数次加固保护城墙，两次修建城楼，不断维护重要历史建筑和文物。2010年，大名县委、县政府在明清古城墙的基石上将残城修复。2012年以后，新一届县委、县政府在书记房延生、县长苏雷芳的领导下，对古城文化保护规划提出了高标准制作、强措施实施的要求。先后实施和完成五鹿公园、大名博物馆、大名书画馆、大名石刻博物馆建设，大名“省级历史文化名城”申报和批准成功。《大名历史文化名城保护规划》的实施、大名崇德广场、大名森林公园建设，西街古槐抢救保护、丽君小镇建设、明城外围拆迁等一系列惠及大名民生及大名长远发展的举措，将大名文化保护和发展推向一个崭新阶段。

传统与现代始终是一脉相承的，精神文化与物质财富是相辅相成的，文明的创造和继承如同一条奔腾不息的长河，今天的大名要浴火重生需承继先贤的光辉业绩，以创新的思维，敢为天下先的气魄，求实务实的开创精神，更加重视发挥、利用我们雄厚的历史文化资源优势，更加重视文化的教化功能，更加重视民众德育的培养，才能早日实现大名的再度崛起。

2017年10月

序 二

大名历史文化与中华文明发端同步，赵鸭窝村发现距今七千年至一万年左右的新石器时代磁山文化遗存。深厚浓郁的历史文化底蕴使大名名闻天下，历史上曾长期作为北方重要的区域政治经济文化军事中心。

自夏朝至两宋之交，大名先后作为大小朝廷的都城十五次，其中正都八次，陪都七次，分别是夏朝扈国之都、商代曾为古殷都、东周为魏武候姬击之别都（陪都）和孙燕之燕都、隋末宇文化及之“许”都、唐中期史思明之周都（燕都）和田悦之“魏都”、五代后唐李存勖之东京（正都）和邺都（陪都）、后晋石敬瑭之邺都（陪都）、后汉刘知远之邺都（陪都）、后周郭威之为邺都（陪都）、北宋仁宗庆历二年后为北京（陪都）、两宋之交金藩国“大齐”刘豫之北京（正都）和北都（陪都）。大名作为都城，殷商及以前时期的具体期限已不可考，仅计魏武候姬击元年（公元前386年）建别都于大名至秦始皇二十二年（公元前225年）秦灭魏，别都在大名长达161年，隋唐以后累计又约130年，总计在300年以上。钟灵毓秀的大名是“龙隐之地、凤翔之乡”，先后诞生三帝、六后：新朝皇帝王莽、后汉隐帝刘承祐、后周世宗柴荣和汉元后王政君、汉平帝王皇后、后周太祖圣穆柴皇后、宋太宗淑德尹皇后、宋真宗章怀潘皇后、明嘉靖孝洁陈皇后。自曹魏在元城（今大名）建阳平郡至日军侵占大名，先后有贵乡郡、魏州、武阳郡、河北道、兴唐府、广晋府、河北路、大名府、大名路、大名行省、大名宣慰司、三省总督府、直隶省会、冀南道、大名道、大名专区等三十多次县级以上的军政机构设在大名，其中八次相当于省级。大名作为黄河以北的区域中心城市长达一千七百年。这是大名历史上风华绝代之时，奠定了大名在历史上的地位及对后世的影响。

丰厚浓郁的历史文化底蕴吸引着众多文人雅士驻足“天雄”故地，他们感怀于此畅想于斯，于是就有了一部部力作问世。从古至今，除正史外，描写大名人、以大名为故事背景以及与大名有关的各类文学艺术作品，可谓汗牛充栋、不胜枚举，其形式涵盖小说、诗歌、剧本、野史、赋、骈文、电影剧本 、戏剧、电影等等 。虽如此，盛世繁华，仍言犹未尽。像《水浒传》及其草莽英雄文学艺术系列、《金瓶梅》《好逑传》《金云翘传》《二度梅》《王莽》文学艺术系列、《邓丽君》文学艺术系列更是享誉全球，遂使生于斯、长于斯或兴于斯的帝王将相、才子佳人跃然纸上，大名威名日盛。

作为历史文化名城，深厚广博的历史文化积淀催生出许多与大名、大名人直接相关的成语典故，寓意深刻，富有哲理，发人深思。大名成语典故是中华灿烂文化的重要部分，极大地丰富了祖国文化的内涵。好多耳熟能详的成语典故即使是土生土长的大名人也未曾知晓是发生在大名这片热土上的。

大名成语典故包括主条目、副条目一千多条，限于篇幅，本书主要收录主条目六百多条，对于大部分和主条目基本内容重复的副条目不再收录。本册收录的大名成语典故，可分为以下几种情形：一是发生在大名地域内；二是发生在大名人身上的事；三是出自大名人之口或大名人所著述的书籍文章；四是事件发生与大名或大名人直接密切相关；五是以大名或大名人为描写对象的文学艺术作品。

大名成语典故是大名历史文化的微缩景观，浓缩提炼了大名两千年来的灿烂辉煌，是大名的精美名片。相信读者可通过品读大名成语典故“观一叶落知天下秋，窥一斑而知全豹”。本书在编撰过程中尽量避免“辞典化”的面孔，力求多采取叙事写人的表现形式，以期让读者更多地了解大名的历史文化。

2017年10月

目　录

名典荟萃

D

E

F

G

H

Q

R

S

T

W

名典荟萃

梅开二度

拼　音 méi kāi èr dù

解　释 通常接连两次喜事或者一件事经过一番周折再次获得成功都可以叫“梅开二度”。

出　处 “梅开二度”源于小说《二度梅全传》，清初惜阴堂主人编辑、天花主人编次。《二度梅》述唐肃宗时历城县梅良玉全家遭奸相卢杞陷害，梅良玉逃至扬州为陈日升收留为仆。一日，陈见园中盛开之梅被风雨吹落，由此想到好友梅家无辜被害，万念俱灰，欲出家为僧，家人劝阻，陈言除非梅开二度，才可息出家之念。良玉感念万端，夜间作文祝告上苍，为陈女杏元发现。次日果然梅开二度，杏元告诸老父，陈遂以杏元许配良玉。朝廷与番邦议和，卢杞以杏元美，命杏元和亲，由良玉与杏元之弟春生护送。在邯郸之“重台”，杏元在与良玉泣别后跳崖自杀，良玉与春生逃走。杏元为神所救，化名江月英，后被大名府人督察院河南御史邹伯符收为义女，与邹女云英感情甚笃。良玉化名穆云，由冯乐天荐与邹伯符，邹爱其才，令其往大名府家中，以“穆荣”之名，入籍大名府。良玉后来高中了大名府科场案首。梅陈二人历经周折后终于在大名府劫后重逢——梅开二度、再结良缘。后邹夫人以云英和杏元二女同许良玉。后良玉以穆云名得中状元，唐帝查明卢杞陷害忠良真相，下旨法办，梅、陈二家团圆。

豫剧、京剧、越剧、汉调二簧（陕二黄）、赣剧、采茶剧、婺剧、潮剧、评剧均有改编和演出。

当头棒喝

拼　音 dāng tóu bàng hè

解　释 临济（禅）宗大师们在接引初学弟子时，不会得到明确的解答，常常用棒一击或大喝一声，促他醒悟。后常比喻用严厉的方法警告、鞭策、促使人猛醒过来。

禅宗认为佛法不可思议，开口即错，用心即乖，所以，不少禅师在接待初学者，常一言不发地当头一棒，或大喝一声，或“棒喝交驰”提出问题让其回答，借以考验其悟境，打破初学者的执迷，棒喝因之成为佛门特有的施教方式。主要是让学人来不及想，不假思索地截断妄想，因为禅宗讲究不立文字，言语道断，只要稍微一绕文字语言就偏差了，一思考就不对了。在还来不及思考、来不及表达，当下的那一刻，就是佛法的本来面目。

棒喝在中国禅宗的教学里非常有名，教出了很多优秀的学生。

随着时间的流逝，这种古老的办法几乎不用了，但这句成语却流传下来。人们使用它已经和佛教无关了，多半指“使人觉悟的猛烈手段”，是一种形象的比喻，并不是说真的要拿个大棒子照着对方脑袋打一下。

出　处 《五灯会元·黄檗运禅师法嗣·临济义玄禅师》《临济录》等。

附注一 “临济”即临济义玄禅师，（－867），唐代禅宗高僧，名义玄，因居临济院，世称临济义玄。俗姓邢，曹州南华（今山东菏泽）人，佛教“临济宗”创始人。唐咸通八年（867），在大名兴化寺圆寂。幼时聪敏，以孝闻名。居讲肆，以为教学不合济世，即投于黄檗会下，行业纯真。曾参于大愚，接得机用，悟得黄檗佛法，受其印可。曾到河北，住镇州小院，后改为临济禅院。义玄晚年应魏博镇（驻所魏州，今大名县）节度使何敬弘请住在魏博镇治所所在地魏州贵乡（即今大名县）兴化寺传法，并在此地去世。贵乡在史书中也被称为魏府。

附注二 大名兴化寺为临济宗祖庭，为临济宗第一代（义玄）、第二代（存奖）、第三代（慧颙）祖师蝉联之地。历代祖师在此以“棒喝”之法接引弟子。

示　例 袁鹰《悲欢·用生命和血写成的诗》：“这声音如晴天霹雳，当头棒喝，使叛徒们心惊胆战，无地自容。”

北周、隋、唐、五代魏州

电掣星驰

拼　音 diàn chè xīng chí

解　释 如闪电和流星似的掠过。比喻迅疾。

出　处 《镇州临济慧照禅师语录·临济慧照玄公大宗师语录序一》故临济祖师，以正法眼，明涅槃心。兴大智大慈，运大机大用。棒头喝下，剿绝凡情。电掣星驰，卒难构副。岂容拟议，那许追思。

附 注 《镇州临济慧照禅师语录》之“临济慧照玄公大宗师语录序一”，是为记录大名兴化寺高僧临济义玄禅师言行的《镇州临济慧照禅师语录》所写的序言之一，原文排列在第一篇。作者“从伦”，元初曹洞宗禅僧，号林泉，生卒年不详。参谒燕京报恩寺万松行秀有省悟，为其法嗣，初住万寿寺，并继其师主持报恩寺。世祖九年（1268）奉诏入内殿，尝与帝师论道，发挥禅学大要，委婉奏上宗密之《禅源诸诠集》。世祖十八年十月，师于大都悯忠寺焚烧道藏伪经，除《道德经》外尽行烧毁。对投子义青之颂古一百则与丹霞子淳之颂古一百则均加以着语与评唱，汇集为《空谷集》《虚堂集》。

示 例 清末·文康《儿女英雄传》第十回：“（十三妹）回头向大家说声请了，霎时间电掣星驰，不见踪影。”

退师减灶

拼 音 tuì shī jiǎn zào

解 释 边后退边减少做饭的灶火以示弱欺敌，诱敌深入，寻机歼敌之计（也作“退兵减灶”“增兵减灶”）。

出 处 《史记·孙子吴起列传第五》载，（周显王二十六年、魏惠王二十七年、田齐威王十四年）魏与赵攻韩，韩告急于齐。齐使田忌将而往，直走大梁。魏将庞涓闻之，去韩而归，齐军既已过而西矣。孙子谓田忌曰：“彼三晋之兵，素悍勇而轻齐，齐号为怯，善战者因其势而利导之。……使齐军入魏地为十万灶，明日为五万灶，又明日为三万灶。”庞涓大喜曰：“我固知齐军怯，入吾地三日，士卒亡者过半矣。”于是弃步军，率轻锐追击。至马陵（今大名县埝头乡东、西马陵村一带）中孙膑埋伏，兵败自杀。孙膑以此名显天下。

二子争死

拼　音 èr zǐ zhēng sǐ

解　释 春秋时卫国公子伋和公子寿互相舍命相救的故事。

出　处 《史记·卫康叔世家》载，卫宣公继任前，曾与庶母夷姜私通，生子叫伋。继任国君后，立伋为太子。伋成年，卫宣公为伋聘齐国女宣姜。卫宣公见宣姜貌美，神移心变，据为己有。宣姜生下寿和朔二子，蓄意加害伋夺嫡。卫宣公因夺伋妻而厌恶伋，听了宣姜和子朔的谗言，欲废除伋，于是给太子白旄，命去齐国协约，而暗中在齐卫边界布下"强盗"，截而杀之。这个阴谋被寿探知，他告诉伋："边界有强盗，见了白旄就要杀掉太子，不可去。"太子伋说："违背父命而求生，不可。"遂行。寿置酒以饯行为名将伋灌醉，盗去白旄并留言："我已代往，请太子逃命。"遂骑快马先至边界。伋酒醒，不见白旄，急忙追赶。当他追到边界，寿已被杀死。伋指责"强盗"："你们要杀的乃是我呀！""强盗"又将伋杀死，回报宣公。宣公不让二子尸身回国，遂葬当地。人们称为太子冢。今大名县冢北村因位于太子冢之北而得名。此典故已被改编为京剧，广泛演出。

王莽改制

拼　音 wáng mǎng gǎi zhì

解　释 王莽（公元前45年—公元23年），魏郡元城（今河北省大名县）人，字巨君，出身于西汉末年的王氏外戚，"新"朝的建立者。西汉末，朝廷腐败，社会矛盾激化，王莽在朝野素有威名，被视为挽救汉王朝的不二人选。公元9年，王莽代汉建立“新”朝，改元“始建国”。王莽试图缓和社会矛盾，拯救西汉末以来的社会危机，推行了一系列改革措施，史称“王莽改制”，其中以解决西汉后期豪强地主兼并土地和奴婢问题的“王田令”与“私属令”等民生问题为核心内容。改革遭到以刘姓为代表的豪强地主的极力反对，不但没能挽救危机，反而激化了社会矛盾，各地起义不断。新莽地皇四年（公元23年），起义军推翻新朝，王莽被杀。王莽改制也称王莽新政。

附注：王莽是一位在历史上备受争议的人物，古代史学家以“正统”的观念，认为其是篡位的“巨奸”，但近代帝制结束之后，王莽被很多史学家誉为“一个有远见而无私的社会改革者”。

1. 胡适称：“王莽是中国第一位社会主义者。”他认同王莽改革中的土地国有、均产、废奴三大政策。“王莽受了一千九百年的冤枉，至今还没有公平的论定。他的贵本家王安石受一时的唾骂，却早已有人替他伸冤了。然而王莽却是一个大政治家，他的魄力和手腕远在王安石之上……可怜这样一个勤勤恳恳，生性‘不能无为’，要‘均众庶，抑并兼’的人，到末了竟死在斩台上，……竟没有人替他说一句公平的话。”

2. 毛泽东：关于王莽变法，汉时一般做史的人——范晔、班固、班昭等——因为他们吃的是汉朝的饭，要给汉朝说几句好话，把王莽说得怎样坏。其实王莽也不是怎么不得了的一个坏人。我们现在研究王莽，要拿很公平诚恳的态度来研究的。均田制是王莽时倡的，可见他注意到农民问题了。因为农民问题最重要者唯其土地，而他先节制田地。地主阶级见王莽所行的政策，诸多不利于已，欲寻一代表本身利益之人，起而代之。而刘秀遂于是时起来了。倡人心思汉，以迷惑一般人之耳目。盖因王莽代表农民利益，不得地主阶级拥护，刘秀则代表地主阶级之利益，故能得最后之胜利。

伪君子——几乎是历朝历代文人对王莽的看法。中国世俗社会中往往把常人难以理解的行为，冠以“沽名钓誉”的称谓，从古至今莫不如此。用世俗的眼光看，王莽虚伪了一辈子，但毛泽东曾说过一句话：一个人偶尔虚伪一次并不难，难的是一辈子都虚伪。

3. 史家钱穆言："王莽的政治，完全是一种书生的政治。"王莽登位后推行新政，大抵为了仿照周朝的制度推行，如屡次改变币制、更改官制与官名、以王田制为名恢复井田制，把盐、铁、酒、币制、山林川泽收归国有，都是恢复西周时代的周礼模式。可是古今环境各异，源于古制的新法，未必一切都合时合宜。这些新政违反了历史规律，所以失败，属历史必然。所以从这个角度看，王莽是一个事事复古、脱离现实的政治家。

4. 旅美历史学家黄仁宇则指出，王莽的政策根本脱离了当时的实际环境，亦缺乏适当的用人安排。"他尽信中国古典，真的以为金字塔可以倒砌。"

5. 傅乐成评论王莽：具有超人的智力、辩才和威严，也有重大的缺点，诸如过度的自信，一味的复古以及猜疑部下等。王莽的行为看来有些伪，也有些愚，但西汉的伪风并不始于王莽，他不过承袭此风而扩充之，结果以伪获得名声并篡位之后，得意之余，乃至无往而不伪。他有他的政治理想，其新法是为整个西汉政治作一通盘的改革，但因缺乏政治才能又迷信复古。王莽是实际政治的失败者，也是复古思想的殉道者，他在政治舞台上所表现的一切，虽然最后都归幻灭，但实在是不平凡的。

6. 史学家吕思勉认为：以汉朝为出发点的历史评价不公，即将王莽的优点全部用一个"伪"字掩盖。王莽博学、礼贤下士、孝敬母亲及寡居的嫂嫂，地位越高为人越谦逊，而且自己与家人的生活始终接近清贫，甚至王莽的妻子因为穿着朴素出门迎客而被认为是仆佣。吕思勉认为凡是作伪之人，必然是有所图的，而王莽篡汉称帝所图达到之后却并无改变，一生作为如一，又如何能称其为伪？更重要的是，王莽改制成为中国文化的一次重大转变，在西汉及以前，凡是谈论政治的人大多对社会现状进行攻击要求改革，至东汉及以后，玄学、佛学先后兴起，都强调适应社会，而不再追求改革。王莽的行事，诸如恢复井田等，其实很大程度上代表了从先秦以来仁人志士的公意，无论成败，都应由抱有此类见解的人士共负，而不是王莽一人之责。

7. 史学家韩复智认为，王莽的经济改革对解决当时的经济问题有一定的帮助，推行的经济措施“除变更币制外，可谓都切中时弊，真正兼顾到平均地权与节制资本两方面”。其说法是基于王莽一方面把全国土地收归国有，平均分配给人民。另一方面，他强制有劳动能力的人从事生产，以改善农民生活。其次，他实行五均六筦，不仅防止资本家的兼并和农民遭受重利盘剥，而且扶助小商人的经营，用来救济农民。但同时变更币制的经济措施付却导致通货膨胀的情况恶化和币制混乱，而贫穷的人民未能在拉大的贫富差距下受惠，连富裕的商人亦都破产。

8. 剑桥大学史学家崔瑞德及鲁惟一表示：王莽如果没有真才实学，他不能升为摄皇帝。他代汉建立新朝，孺子刘婴受到了他不寻常的宽大，虽然被废但没有被杀且能过着隐居的生活。而王莽也将孙女嫁给刘婴。在始建国元年爆发了两次原刘氏皇室的起事，王莽很快就派员镇压并牢牢地控制汉室政府，在长安建都。

9. 翦伯赞认为：“王莽不失为中国史上最有胆识的最聪明的一位政治家。”王莽改制“要将当时矛盾百出的社会经济制度加以改良”。

10. 何兹全说：“王莽是个改良主义者，在政策上他是为了自身的利益，而同时又照顾了一般人民的利益的。比起当时黑暗的统治者来，王莽当然是比较进步的。”

11. 葛承雍认为“作为改革家的王莽”，“是当时统治集团中一个独具卓识的人物”。“我们以西汉末年社会的实际条件，来衡量王莽的改革措施，不能不承认大多数是有进步意义的，而且切中时弊。”

12. 韩玉德也认为：“王莽是一位饱读古文经，坚持以经治国的大经学家，大政治家。”

兵临城下

拼　音 bīng lín chéng xià

解　释 敌军已来到自己的城墙下面。比喻情势十分危急。

出　处 元·无名氏《马陵道》："有一日兵临城下，将至濠边……那其间悔之晚矣。"

附　注 马陵，在今大名县东南四十里埝头乡东、西马陵村一带。

马陵，春秋时期属于卫国，战国时归于齐国。西汉以后，为元城县管辖。晋代杜预《春秋左氏经传集解》："马陵，卫地，阳平元城县东南有地名马陵"，确切道出了马陵的地理位置。此后，南朝宋裴的《史记集解》、唐代司马贞的《史记索隐》、宋代乐史的《太平寰宇记》和清《畿辅通志》《山东通志》等史书，皆赞同杜预，说马陵在元城。元城于公元前195年建县，西晋时期属阳平郡，后依次属魏郡、魏州、大名府，1913年并入大名县。解放后我国出版多种书籍、词典，都载明马陵在今天的大名县境内。清人蔡元放改编的《东周列国志》第八十九回："孙膑使人时刻探听庞涓消息，回报：'魏兵已过沙麓山，不分早夜，兼程而进。'孙膑屈指计程，日暮必至马陵。"沙麓山位于大名东部，公元前646年崩。我国著名史学家林汉达先生所著《东周列国故事新编》一书，其中讲到马陵，说"马陵在河北省大名县东南"。1979年版《词源》对"马陵"一词注解道："元城，古地名。春秋卫地。在今河北大名县东南。战国属齐，魏将庞涓为齐将田忌、孙膑所败，自刎于马陵，即此。"1999年版《辞海》与《词源》所注大同小异："马陵，古地名。春秋卫地。在今河北大名东南。"

隋开皇六年（586），从元城县分出一部分设马陵县（县治在大名县东南西付集乡郭马陵、李马陵、江马陵村一带），属魏州（治今大名东北）。大业元年（605），马陵县废。

示　例 明·罗贯中《三国演义》第三十一回：若侯兵临城下，将至壕边，然后拒敌，事已迟矣。

北门锁钥

拼　音 běi mén suǒ yuè

解　释 原指北城门上的锁和钥匙，后借指北部的边防要地和重镇。比喻负责守卫某一要地的重任。这里专指北京大名府这一北方战略重镇。

出　处 《宋史·寇准传》：“主上以朝廷无事，北门锁钥，非准不可。”

宋朝朱熹著《五朝名臣言行录》第四卷：宋景德三年（1006），寇准镇大名府，北国使者路过这里，向寇准说：“相公望重，何以不在中书！”寇准说：“皇上以朝廷无事，北门锁钥，非准不可。”意思是说，大名为北国南侵必经之地，必须用重臣坐镇。北宋年间，大名府为河北路治所，寇准主管天雄军，镇守大名府，曾为大名撰联：“东郡股肱今右辅，北门锁钥古天雄。”从此，大名有“北门锁钥”之称。

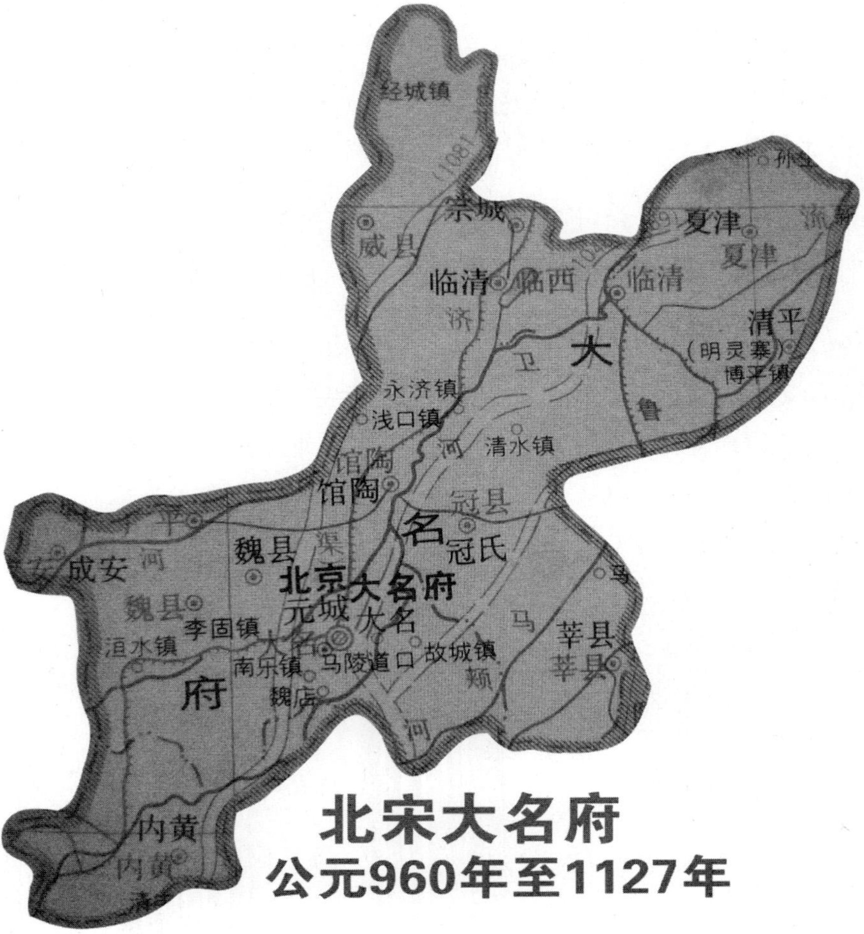

北宋大名府
公元960年至1127年

北宋河北路
治所大名府
公元977年至989年
蒋林魁供图

白头相守

拼　音 bái tóu xiāng shǒu

解　释 指夫妻恩爱相守到老。

出处一 元末明初杂剧·无名氏《梁山七虎闹铜台》（也作《闹铜台》）第一折“我与李固白头相守，便是我平生愿足”。

附　注 “闹铜台”，即闹大名府，“铜台、铜台府、铜台关、铜台城是大名府的别称”，乃大名府郡名。许多文人墨客在此留下了不少诗篇。“铜台夕照”曾是大名府八景之一。

周惠王十九年，卫文公二年，齐桓公二十八年（公元前658年），齐、卫筑完五鹿城后，在城旁边又筑一高台，取名“铜台”，做为会盟和演兵之处，此台遗址在大名城东四十五里，劝善村不远处。

又据《读史方舆纪要·北直七》卷十六：“台头堡，在（大名）府城南，其地有高台。”旧《大名府志》载：“城东南八里有土台（在今郭场村东，韩庄村西，实为韩庄之地），方圆里许，或传为唐、宋演武场点将台，故名铜台。”误。此二台实非一处，一处在城东四十五里，一处在城东南八里，前者为春秋铜台；后者或为唐、宋点将台，二者不可混为一谈。

郭场村东之古台民间亦传为铜台，想想也有道理，唐宋间大名府别称铜台城或铜台府，唐宋点将台，也可称唐宋铜台矣。此处之高台，南北宽数丈，东西长十几丈，高一丈五六，民间称为“铜台堡”“台头堡”。唐宋以后的台头乡、台头里，来源皆因此。2013年修园东路时大部推平盖于路下，西部尚余少部分高台，有一土地庙建于其上。

《宋高僧传·周魏府观音院知佺传》：“释知佺，俗姓张，铜台永济人。”翻译成白话就是大名府馆陶县人。北宋元城（今大名县）知县强至诗句：“登高切醉铜台酒，黄阁多年望衮章”；传统戏剧《李存孝解围铜台府》《破铜台》《困铜台》《铜台阵》《铜台府》《铜台关》《血染铜台关》《铜台破辽》（又名《状元媒》）、《铜台大战》《杨六郎铜台救驾》《杨六郎招亲》《杨宗保三战铜台》《梁山七虎闹铜台》（又名《大闹大名府》）；五台山碧山寺诗句：“铁棒五郎曾护驾，铜台大显五台僧”；《杨家将演义》第二十九回：“宋君臣魏州看景，王全节铜台交兵”等等，说的全是发生在大名府的故事。唐宋及以后时期，一些文献和文学艺术作品常常习惯将大名府称作“铜台、铜台府、铜台关、铜台城”。

《梁山七虎闹铜台》剧写梁山好汉用计智赚大名府卢俊义梁山入伙的故事。

示　例 明《金瓶梅词话》第二十六回潘道士解禳祭灯法 西门庆大哭李瓶儿：李瓶儿双手搂抱着西门庆脖子，呜呜咽咽悲哭，半日哭不出声，说道：“我的哥哥，奴承望和你白头相守，谁知奴家今日死去也。趁奴不闭眼，我和你说几句话儿：你家事大，孤身无靠，又没帮手，凡事斟酌，休要那一冲性儿。大娘等，你也少要亏了他的。”

百无一失

拼　音 bǎi wú yī shī

解　释 形容做事很有把握，不会有差错

出　处 唐·裴铏《聂隐娘》：“（隐娘）一年后刺猿穴百无一失。”解释形容有充分把握，绝对不会出差错。

示　例 这项任务很重要，不仅要完成，还要做到万无一失。

附　注 聂隐娘为魏博（驻今大名）大将聂锋之女，10岁时被一女尼用法术“偷去 聂隐娘”，教以剑术，能白日刺人，人莫能见，后成一代

侠女。（详见成语典故“聂隐娘”条）

闭门自守

拼　音 bì mén zì shǒu

解　释 ①闭门不出，洁身自保。②坚壁不出，严加防守。

出　处《汉书·王莽传下》：“力作所得，不足以给贡税。闭门自守，又坐邻伍铸钱挟铜，奸吏因以愁民。”

示　例 唐·吴兢《贞观政要·征伐》：朕若闭门自守，虏必纵兵大掠。

彬彬君子

拼　音 bīn bīn jūn zǐ

解　释 形容既有德行又文雅礼貌的人。

出　处 曹丕《与吴质书》：观古今文人，类不护细行，鲜能以名节自立。而伟长独怀文抱质，恬淡寡欲，有箕山之志，可谓彬彬君子者矣。

附　注 吴质（177—230）字季重，定陶人，三国时著名文学家，曹魏大臣。公元217年，曹丕被立为太子，吴质出任朝歌长，又迁元城（今河北大名东）令。曹丕为巩固太子地位，常于吴质商量对策。曹丕称帝后，拜为中郎将，封侯爵，节度幽、并诸州军事。明帝曹叡继位后，吴质被征调入朝，担任侍中，成为辅弼大臣。

这是吴质任元城令时与曹丕的书信来往。

藏踪蹑迹

拼　音 cáng zōng niè jī

解　释 蹑：轻步行走的样子。隐秘行踪，悄悄行动。

出　处 明·施耐庵《水浒全传》第六十四回呼延灼夜月赚关胜 宋公明雪天擒索超：“且说张横将引三二百人，从芦苇中间，藏踪蹑迹，直到寨边，拨开鹿角，径奔中军。”

附　注 《水浒全传》第六十四回写宋江诱北京大名府出兵，设计打埋伏，蔡京派关胜援军用围魏救赵之计去取梁山，梁山好汉张横夜袭偷营关胜大寨被俘情节。

穿井得人

拼　音 chuān jǐng dé rén

解　释 用来比喻言语辗转相传而与事实相去甚远。也作“丁公凿井”。[dīng gōng záo jǐng]

出　处 汉·王充《论衡·书虚》：“俗传言曰，丁公凿井，得一人于井中。夫人生于人，非生于土也。”

春秋宋国有个丁公以耕地为生，常派一人在外面负责汲水浇地之事。后丁公觉得自己家中没有井十分不便，于是自己凿了一口井。从这以后，丁公不必再派一个人在外面专门负责汲水浇地了。丁公便告诉人家说：“我家凿了一口井，等于挖（节省）到了一个人。”有人没听清楚，把丁公的话传成：“丁公家挖井挖到了一个人！”这样一传十，十传百，传遍了整个宋国。宋国国君听说丁公竟从井中挖出一个人来，十分惊奇，便派官员向丁公询问这件事。丁公回答说："我说的是我家凿了一口井，等于家中多了一个能劳动的人，而不是在井中挖到一个人。"

附　注 王充（27—约97），字仲任，东汉著名思想家、文学家。会稽上虞人（今属浙江），祖籍魏郡元城县（今河北大名县），系元城王氏之后，元城王氏在西汉时期极为风光，开基始祖王贺（王莽之曾祖）。王氏一门，有皇后、宰相、列侯、将军及各级官吏，势齐云霄，荣耀非凡。到了王莽时候，废汉自立新朝，元城王氏走向顶峰，成为天下第一家族，但也随着王莽政权的消失，地位一落千丈。

王充的祖上在元城王氏势力急剧膨胀时期开始显达，"几世尝从军有功"，骁勇善战，后被封到会稽阳亭，因此王充祖上由燕赵之地迁居秀水江南。

王充年少时就成了孤儿，乡里人都称赞他孝顺。后到京城，到太学里学习，拜班彪为师。王充以道家的自然无为立论宗旨，以"天"为天道观的最高范畴。以"气"为核心范畴构成了庞大的宇宙生成模式。其在主张生死自然、力倡薄葬，以及反叛神化儒学等方面彰显了道家的特质。他以事实验证言论，弥补了道家空说无着的缺陷。是汉代道家思想的重要传承者与发展者。王充思想虽属于道家却与先秦的老庄思想有严格的区别，虽是汉代道家思想的主张者但却与汉初王朝所标榜的"黄老之学"以及西汉末民间流行的道教均不同。《论衡》是王充的代表作品，也是中国历史上一部不朽的无神论著作。

雕青天子

拼　音 diāo qīng tiān zǐ

解　释 雕青：在皮肤上刺花纹，涂以靛，即显青色花纹。雕青天子，即绣着纹身的皇帝，指郭威。

出 处 《新五代史·东汉世家》载，五代后周的郭威，年青时家境贫贱，他在颈上刺飞鸟，人们称他“郭雀儿”。最初在北汉供职，因功升为邺都（今大名）留守，掌握大权，杀死隐帝，迎立太原尹刘崇之子刘赟为帝。郭威见到刘崇的使者，指着自己的颈项说：“自古岂有雕青天子？幸公无以我为疑。”（意思是说“我出身低贱，脖子上还黥了飞雀，自古哪有雕青天子，请你家将军不要怀疑我”。）但在第二年，郭威杀掉刘赟，自立称帝，即后周太祖。

附 注 邺都，建安九年，曹操营建邺城（今临漳县），后定为王都，史称邺都。至北齐灭亡，邺都被杨坚所毁。

自五代后唐李存勖在魏州（今大名城东北）称帝（公元923年，同光元年），升魏州为东京，升都督府为兴唐府，后迁都洛阳，改魏州（东京兴唐府）为“邺都”（陪都），此后的后晋、后汉、后周均以魏州为邺都。后世文献和文学艺术作品凡隋唐五代时期的邺都都是指“魏州”，即今大名县。

风筝搬兵

拼 音 fēng zhēng bān bīng

解 释 用风筝携带求救的信件，搬来救兵解围的故事。

出 处 《新唐书·田悦传》：有诏河东马燧、河阳李艽与昭义军救伾。三节度次狗、明二山间，未进。伾急，以纸为风鸢，高百馀丈，过悦营上，悦使善射者射之，不能及。燧营噪迎之，得书言：“三日不解，临洺士且为悦食。”燧乃自壶关鼓而东，破卢疃，战双冈，禽贼大将卢子昌而杀朝光，悦遁保洹水。

唐末魏博节度使（驻今大名东北）田悦进攻临洺城，将领张伾守卫城池，粮草用尽。这时，朝廷派来了马燧等三支大军前来支援。援军在临洺城外的山下停下来。张伾得知消息后，急忙放出求救的风筝。马燧得到求救信后立即起兵，与张伾里应外合，终于打败了田悦。

盖世英雄

拼　音 gài shì yīng xióng

解　释 盖世：压倒当世。超出当代所有的人。用以形容非常杰出的英雄人物。

出　处 元·无名氏《马陵道》第一折：“遮莫他盖世英雄，驱兵拥众。”

割股啖君

拼　音 gē gǔ tàn jūn

解　释 也作割股事君、割股奉君。割下自己腿上的肉，侍奉自己的君主吃。

出　处 《东周列国志·晋惠公怒杀庆郑 介子推割股啖君》——：是日，公子君臣尚未早餐，忍饥而行。看看过午，到一处地名五鹿（今大名县东四十五里劝善村一带），见一伙田夫，同饭于陇上，重耳令狐偃问之求食。田夫问：“客从何来？”偃曰：“吾乃晋客，车上者乃吾主也。远行无粮，愿求一餐。”田夫笑曰：“堂堂男子，不能自资，而问吾求食耶？吾等乃村农，饱食方能荷锄，焉有余食及于他人？”……再行约十余里，从者饥不能行，乃休于树下。耳饥困，枕狐毛之膝而卧。狐毛曰：“子余尚携有壶餐，其行在后，可俟之。”魏犨曰：“虽有壶餐，不够子余一人之食，料无存矣。”众人争采蕨薇煮食，重耳不能下咽，忽见介子推捧肉汤一盂以进，重耳食之而美，食毕，问：“此处何从得肉？”介子推曰：“臣之股肉也。臣闻：‘孝子杀身以事其亲，忠臣杀身以事其君。’今公子乏食，臣故割股以饱公子之腹。”重耳垂泪曰：“亡人累子甚矣！将何以报？”子推曰：“但愿公子早归晋国，以成臣等股肱之义，臣岂望报哉？”

《左传》曰：“晋公子重耳出亡过卫，出于五鹿乞食于野人。”

另据《庄子·盗跖》载：“介子推至忠也，自割其股以食文公。”

《韩非子·用人》载：“昔者介子推无爵禄而义随文公，不忍口腹而仁割其肌，故人主结其德，书图著其名。”

明朝诗人林魁《寒食题介子祠》有“年年寒食动春愁，生不明心死便休。但使亡人能返国，耻将股肉易封侯”的名句，称赞介子推的德行。

由此还可看出五鹿一带还是我国传统节日“寒食节”的发端之地。

附　注 五鹿与五鹿城　齐桓公二十八年（公元前658年），为了对抗戎狄与晋国兵锋，齐、卫共筑盖兴（今沂源）、杜丘（今聊城）、中牟（今鹤壁）、邺城（今临漳）、五鹿城（今大名县）等共五座城池。此后，五鹿城就成了与晋侯争霸的前沿堡垒军事重镇。

《左传》曰：“晋公子重耳出亡过卫，出于五鹿乞食于野人。”即此处也。鲁僖公二十八年（公元前632年），晋伐卫，取五鹿。其后仍属卫。鲁襄公二十五年（公元前548年）卫献公姬后元自齐还国，齐崔杼，止其帑，以为五鹿，后入于晋。鲁哀公元年（公元前494年），齐、卫二侯救邯郸午之子赵稷于邯郸，围五鹿。鲁哀公四年（公元前491年）齐、卫救范氏，围五鹿。

班固《汉书》说：“元城（即今大名县）郭东有五鹿之墟，即沙麓地也。”宋乐史《太平寰宇记》说：“五鹿墟，在县东。”

唐张守节《史记正义》称：“五鹿在魏州元城县东十二里。”齐、晋、卫、赵多次战五鹿，救别处围五鹿，正如同围魏救赵一个道理，围他所必救之地。这也更证明五鹿城在当时政治、军事、及地理上的重要性。在齐、晋、卫、魏、赵间多次易主，齐桓公多次与多国诸侯在此会盟。春秋战国时期，诸侯在此城会盟达十四次之多，这在国内实属罕见。她是大名有史记载最早的历史名城，从建城至今已有两千六百七十年，治所今大名县劝善村一带。

公元前646年八月，沙麓山崩塌，五鹿城陷进地下，高大秀丽的沙麓山变成了土丘杂乱、沟壑纵横的沙麓墟。从此以后，五鹿城便有了“袭邑”之称。袭邑者，陷于地下也。（见汉何休注、唐徐彦疏《春秋公羊传注疏卷十一》，中华书局《十三经注疏附校勘记》下册第2254页）。沙麓山崩塌之后，控扼南北的威势大减。但是，沙墟之上土丘起伏，沟深林密，而且，西边就是黄河渡口，仍然是控制东西之枢扭。所以，很快就在原五鹿城的西边，选新址重新建起了五鹿城。

《春秋·公羊传》僖公十四年载：“沙麓者何？河上之邑也。”古黄河曾流经卫东沙麓山一带，正是“河上之邑”。《大名县志》断注程廷恒本卷一记载：五鹿城崩，沙麓城遂之而起，此二城俱在城东四十五里处，沙麓城大约存在于战国期间，建与毁的具体时间不详。《史记》曰：（元城）郭东有五鹿墟，墟之左右多陷城。《公羊传》曰：袭邑，陷矣。何休注：袭者，陷入与地中。

归心似箭

拼　音 guī xīn sì jiàn

解　释 想回家的心情像射出的箭一样快。形容回家心切。

出　处 明·名教中人《好俅传》第十二回："承长兄厚爱，本当领教，只奈归心似箭，今日立刻就要行了。"

示　例 清·李汝珍《镜花缘》第二十一回："不多时，穿过松林，渡过小溪，过了水月村，越过镜花岭，真是归心似箭。"

附　注 《好逑传》长篇小说，又名《侠义风月传》，作者"名教中人"，坊本亦名《第二才子好逑传》，4卷18回。讲述的是大名府人铁中玉（御史铁英之子）和水冰心的爱情故事。两个在患难相助之中互通情愫，却又谨守礼义大防，最终御赐婚姻，终成"好逑"。全书大旨在宣扬"守经从权"之说，将纲常名教与青年男女正当交往调合起来，使"名教生辉"，"以彰风化"。

《好逑传》为"十大才子书"中第二才子书，此书明清才子佳人小说中属于上乘之作，《好逑传》是第一部译成西方文字并得以出版的中国长篇小说，在西方文人中产生过较大影响，于十八世纪、十九世纪风靡欧洲，曾得到德国作家歌德的赞赏。《好逑传》已有英、法、荷、德、拉丁、俄、日等外文的选译或全译本三十余种。日本江户时期的著名汉学家泷泽马琴（1767—1848）所作《侠客传》，就是根据《好逑传》改写的，可见这部中国传奇小说对日本文学影响之深远。

《好逑传》的研究论著有陈绶颐教授所著《托马斯·帕西及其汉学研究》，此文将帕西英译本《好逑传》与库恩德译本《好逑传》作了比较研究。又，理查德·赫斯内的博士论文《中国十七世纪的才子佳人小说》，论述了《好逑传》《玉娇梨》等小说的成就及其对欧洲作家如席勒、歌德等所产生的影响。《好逑传》在汉籍外译的研究中也具有重大意义。

该书现已被改编制作成电影及电视剧《君子好逑》。

关山迢递

拼　音 guān shān tiáo dì

解　释 关：关隘；迢递：遥远的样子。指路途遥远。

出　处 明·冯梦龙《古今小说·吴保安弃家赎友》：“只是关山迢递，怎得寄个信去。”

附　注 吴保安，唐魏州贵乡（今河北大名县）人。详细介绍见【弃家赎友】。

示　例 明·王世桢《鸣凤记》第八出：“贤弟！无限别情，不胜凄怆，关山迢递，后会难期。”

红线盗盒

拼　音 Hóng xiàn dào hé

释　义 唐肃宗至德年间，魏博（驻魏州，今大名东十里处）节度使田承嗣拥兵自重，有起兵吞并潞州之意。潞州节度使薛嵩（薛仁贵之孙）受朝廷之命，为防变乱，固守滏阳（今磁县），因惧田承嗣势大，日夜忧闷。此时，“内记室”（略同于现代的私人女秘书）红线为排主忧，自告奋勇，前往魏城观察形势，并相机行事。薛嵩饮了十余杯酒的功夫，红线就从魏州返回，以取田承嗣床头金盒为证。原来，红线于子夜前三刻到达魏城，避过侍卫，潜入田承嗣榻前，盗出床头金盒子，于黎明前返回滏阳。薛嵩依红线计，立即派使者持书入魏，并送还金盒。田承嗣慑于薛嵩有高人相助，唯恐性命不保，遂罢吞并潞州之念头，从而避免了一场兵祸。此典故已改编为京剧，广泛演出。1918年，梅兰芳在北京广德楼戏院首演。梅兰芳饰红线、高庆奎饰薛高，李寿山、曹二庚合演。

出 处 见唐杨巨源《红线传》，明梁伯龙《红线女》杂剧及《双红记》传奇。

矫枉过正

拼 音 jiǎo wǎng guò zhèng

解 释 矫：扭转；枉：弯曲。把弯的东西扳正，又歪到了另一边。比喻纠正错误超过了应有的限度。

出 处 《汉书·王莽传·第六十九上》：“国家之大纲，微朕孰当统之？是以孔子见南子，周公居摄，盖权时也。勤身极思，忧劳未绥，故国奢则视之以俭，矫枉者过其正，而朕不身帅，将谓天下何！”

示 例 清·蒲松龄《聊斋志异·细柳》：“或有避其谤者，又每矫枉过正，至坐视儿女之放纵，而不一置问。”

精诚所加，金石为亏

拼 音 jīng chéng suǒ jiā，jīn shí wéi kuī

解 释 精诚：至诚，真心诚意；加：施及；亏：毁坏。人的诚心所到，能感动天地，使金属和石头毁坏。

出 处 汉·王充《论衡·感虚》：“精诚所加，金石为亏。”

九死靡变，一节终生

拼 音 jiǔ sǐ mí biàn，yī jié zhōng shēng

解 释 九，指多次。靡，不、无、没有。比喻男女之间的爱情忠贞不渝，永不变心。

出 处 明末清初·青心才人《金云翘传》第三回　两意坚蓝桥有路　通宵乐白璧无瑕　“自盟之后，男期九死靡变，女誓一节终生。纵外来之盟，或有不测，而吾心之天断乎一定，苟渝其盟，神天共殛。”

示 例 九变·《永远占有我右边的九月天》：时间一长，我发现了超的很多缺点，最让人难以忍受的是他有很多女友，九月天说：“男人嘛，需要应酬，这很正常。”我反问：“那你呢？”他深情地看着我：“人各有志！我只为一种爱付出，九死靡变、一节终生！”

附 注 《金云翘传》又名《双合欢》《双奇梦》，作者青心才人，明末清初流行小说，主人公围绕北京大名府员外王两松之子王观，长女王翠翘、次女王翠云、富家秀士金重展开，叙述了一个悲欢离合、跌宕起伏的才子佳人爱情故事。

《金云翘传》是明末清初的流行小说，传阅颇为广泛，后在中国遭禁毁，却在海外广为传播。《金云翘传》得名于作品中3位主要人物金重、王翠云、王翠翘，为各取其姓名中一字组合而成。主要叙述王翠翘一生坎坷的遭遇。她出身名门、才貌出众，与书生金重私订终身。金重奔丧期间，她为救遭诬陷入狱的父亲而卖身，不料被骗沦落青楼。后被草莽英雄徐海所救，并帮助雪耻。徐海被杀后她投江遇救，最后和会试高中的金重团圆。《金云翘传》控诉了腐朽的封建制度对人民的残害，歌颂了争取自由和爱情的行为，寄托了人民的美好理想。

《金云翘传》原本为中国章回小说，成书于顺治、康熙年间。传本在近年才被发现。日本有内合文库藏本。作品主人公王翠翘事迹最早见于明嘉靖浙江总督胡宗宪属下茅坤的《纪剿除徐海本末》。此书据史改写，明清间述王翠翘事者，有茅坤《纪剿徐海本末》及《附记》、王世贞辑《续艳异编》、余怀《王翠翘传》等。

约在十八世纪末至十九世纪初，越南著名诗人阮攸（1765—1820）倾心中国文化，到南京游学。阮攸寄寓南京近十年，被这个故事所感动，后将余怀的《王翠翘传》及青心才人的《金云翘传》携回本国，花了一年时间，改写为越南文学名著——长篇叙事诗“喃传”《金云翘传》，并搬上了越南舞台。该作品对越南近代文学的发展产生了深远的影响，其影响力可与中国文学史上的巨著《红楼梦》相当。

饥食虏肉，渴饮其血

【拼　音】jī shí lǔ ròu，kě yǐn qí xuè

【解　释】喻指极度仇视的行为。

【出　处】《汉书》卷九九《王莽传》载：“校尉韩威进曰：‘以新室之威而吞胡虏，无异口中蚤虱。臣愿得勇敢之士五千人，不赍斗粮，饥食虏肉，渴饮其血，可以横行。’莽壮其言，以威为将军。”

孔融让梨

【拼　音】kǒng róng ràng lí

【解　释】孔融儿时与兄弟一起吃梨，他只拿最小的梨吃，父亲（孔宙）奇怪地询问他，他回答说：“我是小孩子，按理应该拿小的。”孔融的宗族因而对他感到惊奇。

出 处 “孔融让梨”见《世说新语笺疏》注引《续汉书》：“孔融，字文举，鲁国人，孔子二十世孙也。高祖父尚，钜鹿太守。父宙，泰山都尉。”《融别传》曰：融四岁，与兄食梨，辄引小者。人问其故。答曰：“小儿，法当取小者。”

《后汉书·孔融传》李贤注“《融家传》曰：‘年四岁时，与诸兄共食梨，融辄引小者。’大人问其故，答曰：‘我小儿，法当取小者。’由是宗族奇之。”

附 注 孔宙（103—163），东汉鲁（今山东曲阜）人，孔融之父。孔宙好学，治严氏《春秋》，举孝廉，授郎中，迁元城令。是时，泰山周围动乱不宁，擢孔宙为泰山都尉，令其治理。孔宙以文治之，旬月而平……

孔融（153－208），东汉鲁人（今山东曲阜）人。东汉末年文学家，“建安七子”之一，因触怒曹操而为其所杀。

《后汉书·桓帝纪》记载，永兴二年（154）泰山、琅琊公孙举造反，事态逐渐扩大，朝廷乃于永寿元年（155）置泰山都尉，桓帝纪提到，延熹三年（160）十一月，“泰山贼叔孙无忌攻杀都尉侯章”。也就是这时——160年，孔宙接替前任都尉侯章担任泰山都尉。孔宙到任，“以文修之，旬月之间，莫不解甲服罪”。平乱以后，百废待举之际，孔宙不幸“遭笃病，告困致仕”，延熹六年（163）正月去世，享年61岁。按孔宙“授郎中，迁元城令，后擢为泰山都尉……”的顺序，说明公元160年之前，孔宙在元城任上。

孔融“年四岁能让梨”，按古人论虚岁算法，应是在公元156年，这时恰是孔融一家随其父孔宙任“元城令”的阶段，即居于元城县，也就是今天的大名县境内。（可参看王家葵《孔宙和他的儿子们》）

李天下

拼　音 lǐ tiān xià

解　释 后唐庄宗李存勖因爱好唱戏，常与伶人嬉戏，后伶人为其起一艺名，曰“李天下”。

出　处 欧阳修《新五代史·伶官传》 庄宗尝与群优戏于庭，四顾而呼曰：“李天下，李天下何在？”新磨遽前以手批其颊。庄宗失色，左右皆恐，群伶亦大惊骇，共持新磨诘曰：“汝奈何批天子颊？”新磨对曰：“李天下者，一人而已，复谁呼邪！”于是左右皆笑，庄宗大喜，赐予新磨甚厚。

典例故事 923年李存勖在魏州（河北大名县）称帝，国号唐，史称后唐。李存勖志满意得，认为中原已经安定，就开始贪图享受了。他小时候，最喜欢看戏演戏。那时候，晋王府里有一个戏班子，专给王府演戏。唐庄宗小时就跟戏班子里的伶人混得挺熟。后来，他在河北战场上拼死拼活地打仗，把演戏的事搁起来了。到做了皇帝，他又沾上了演戏的癖好，成天跟伶人在一起，穿着戏装，登台表演，把国家大事丢在一边。他给自己起了艺名，叫“李天下”。

这样，伶人受到皇帝宠幸，可以自由出入宫中和皇帝打打闹闹，侮辱戏弄朝臣，群臣敢怒而不敢言。有的朝官和藩镇为了求他们在皇帝面前美言几句，还争着送礼巴结。李存勖还用伶人做耳目，去刺探群臣的言行，置身经百战的 将士于不顾，而去封身无寸功的伶人当刺史。此外， 李存勖还下令召集在各地的原唐宫太监，把他们作为心腹，担任官中各执事和诸镇的监军。将领们受到宦官的监视、侮辱，读书人也断了进身之路。同时， 李存勖又派伶人、宦官抢民女入宫，有一次，竟抢了驻守魏州将士们的妻女1000多人，搞得众叛亲离，怨声四起。

一次又与众演员在一起演戏，他向四处张望，大声喊“李天下，李天下在哪里？”李天下正是他为自己起的艺名，他这样呼喊，别人都不敢说。只有敬新磨跑到他面前，用手打庄宗耳光。庄宗脸色大变，侍从和演员们都开始紧张起来。一起把敬新磨捉住，责问他“为什么打皇帝的耳光呢？”敬新磨说“李天下的（通理天下，即治理天下者）只有一个人啊，还呼喊谁呢？”大家都笑了，于是庄宗也反怒为笑，不但没有治他的罪，反而给了他很丰厚的赏赐。

妙手空空

【拼　音】miào shǒu kōng kōng

【解　释】指高明的剑侠、刺客。形容两手空空，一无所有。也常用于指小偷。也作“空空妙手”。

【出　处】唐·裴铏《传奇·聂隐娘》

唐贞和年间魏博（驻魏州，今大名）节度使与陈许节度使刘昌裔不和，遣女剑客 聂隐娘刺之，为刘所收服。隐娘：“后夜当使妙手空空儿继至。空空儿之神术，人莫能窥其用，鬼莫能窥其踪。”遣“人莫能窥其用，鬼莫得蹑其踪”的妙手空空儿前往刺之。后因以“妙手空空”称高明的剑侠、刺客。

【示　例】清·和邦额《夜谭随录·玉公子》：“昨有妙手空空，伏兄卧室，窥伺久矣。”《野叟曝言》第八三回：“上船下船，毫无声息，岂非妙手空空！”

可参看【聂隐娘】。

聂隐娘

拼　音 niè yǐn niáng

解　释 聂隐娘是裴铏所撰《传奇》中人物，写女侠聂隐娘的故事，为中国最早女侠小说。

附　注 聂隐娘为魏博（驻今大名）大将聂锋之女，10岁时被一女尼用法术“偷去聂隐娘”，教以剑术，能白日刺人，人莫能见，五年后乃送归其家。而身怀绝技的聂隐娘，又自择一个仅会磨镜、馀无他能的少年为丈夫。聂父死后，魏博主帅与陈许节度使刘昌裔不和，欲令聂隐娘暗杀之，聂却转而投刘。主帅另派妙手空空儿前往暗杀，隐娘又以法术破之。后刘昌裔入觐，聂告别而去。刘死后，聂又至京师刘柩前恸哭。

本篇内容诡怪荒诞，但也反映了一些历史真实。中唐以后暗杀之风盛行，藩镇之间相互残杀，必须收罗一些具有特殊技能的侠士作为爪牙。这些侠士，或出于个人恩怨，或取舍於藩镇势力的强弱，实际上充当了藩镇争权夺利的工具。《聂隐娘》和另一篇与大名有关的女侠传奇《红线》，为后来女侠小说的雏型。

《太平广记》收录本篇。罗烨《醉翁谈录》所录宋人话本篇目中有《西山聂隐娘》一目，当是据本篇编写。清人尤侗据以编为戏曲《黑白卫》，颇受大家爱赏

示　例 柳亚子《梦中偕一女郎从军》诗：“十载江湖求女侠，隐娘红线已无多。”

弃家赎友

拼　音 qì jiā shú yǒu

解　释 唐义薄云天舍弃家业家人赎买朋友郭仲翔于“蛮陬”的事。

出　处 《新唐书·忠义传·纪闻》“吴保安赎友郭仲翔于蛮陬条”。

附　注 唐朝天宝年间吴保安、郭仲翔（宰相郭元振侄子）二人是同乡——魏州贵乡（今河北大名县）人，吴曾请求郭介绍其入伍，郭允诺，但吴未至而唐军已败散，郭被南蛮俘虏，敌方索千缣才肯放人。吴保安虽未曾与郭谋面，亦完全未从郭获得实惠，却自愿承担营救之责，为赎取朋友，不惜倾家荡产，外出经商。为此抛家别子留于边疆奔走筹划，“苦无资，乃力居货，十年，得缣七百”，还差得远，只得继续经营。后来，吴妻从老家前来寻访，困于途中，幸遇一位官员，了解情况后，大力资助了吴保安，这才将郭赎回，这时前后已过去十五年之久。郭得救后，吴保安已老，不久客死外乡，其妻亦殁，家人无力归葬。于是，郭“为服缞絰，囊其骨，徒跣负之，归葬魏州。庐墓三年乃去。后为岚州长史，迎保安子，为娶而让以官”。吴、郭二人生死之交的故事在当时就广为流传，能入《忠义传》则说明官方与史家的肯定态度。这个故事也是先有小说，见唐人牛肃《纪闻》，写得更为细致具体。宋《太平广记》卷第一百六十六“气义一”也收录此事。明人冯梦龙《喻世名言》中的《吴保安弃家赎友》一篇，又以话本形式敷演了这个故事。

吴、郭二人为报恩侠肝义胆、义薄云天之行，将人性中侠义坚忍一面作了超常发挥和升华。中华民族的血液中有此舍己为人和坚韧不拔之基因，是我民族历万劫千难而屹立不败之重要原因，故极足珍贵。在商品大潮漫卷，人性中劣性因子常常泛滥而加害我人民的时候，对此尤其值得提倡弘扬。

乞食五鹿

拼　音 qǐ shí wǔ lù

解　释 春秋时晋献公初有三个儿子，即太子申生、次子重耳和三子夷吾，后又娶骊姬姐妹，生下奚齐和卓子。骊姬野心勃勃，决意夺嫡。献公扭不过宠姬，狠心杀掉了随他征战有功的太子申生，重耳和夷吾只得逃亡。

出　处 《左传》《史记·晋世家》记载：重耳过卫，卫文公不礼焉，出于五鹿（今大名县城东），乞食于野人，野人盛土器中进之。重耳怒，欲鞭之。赵衰曰："土者有土也，君其拜受之。"重耳稽首而载之。重耳流亡二十余年，后在秦国护送下回国即位，为文公，使晋国成为春秋"五霸"之一。

戎马倥偬

拼　音 róng mǎ kǒng zǒng

解　释 戎马：本指战马，借指军事；倥偬：繁忙。形容军务繁忙。

出　处 明·卢象升《与豫抚某书》："戎马倥偬之场，屡荷足下训诲指提。"

附　注 卢象升（1600－1639），字建斗，号九台。宜兴人，明末著名将领、民族英雄。天启二年（1622）举进士，27岁任大名知府、组织训练大名兵备道（辖大名、广平、顺德三府兵备）兵马，平高迎祥义军、抗击清军。授户部主事，擢员外郎，殉国后追赠兵部尚书，南明福王时追谥“忠烈”。

崇祯二年（1629）清军兵逼京师，卢象升自大名起兵勤王，后金兵退走。卢象升为防清军再次来犯，对大名兵备道加以整饬，严明军纪，他募兵万人入卫。卢象升加强练兵，军容大振，人称“天雄军”（唐宋时期“天雄军”指大名府）。卢象升平定李自成等农民军有功，后任五省总督，管江北、河南、湖广、四川、山东剿匪事，参与平定高迎祥、李自成等部农民军。后又升任兵部侍郎，再迁兵部左侍郎，总督宣州、大名、山西军务。

汝阳之战，卢象升自城西攻，高迎祥几十万大军崩溃。高迎祥聚合部众二十万之众，继续逃亡，在确山再败于卢象升。

崇祯八年五月至十一月，象升以率绝对劣势兵力，先后十余战皆胜，斩杀民军三万余人，彻底扭转了战略局势。

崇祯九年正月，高迎祥会合张献忠，三十万之众攻击南京，不利，退攻滁州。卢象升率军赶到，以两万之众再次击败高迎祥，并以各将领围堵，高迎祥人马散尽，退入湖广郧阳。九月出任总督宣化、大同、山西军务，练兵御清。

崇祯十一年，大名道、大名、顺德、广平三府的百姓请他转驻大顺广三府待机克敌。卢象升与清军战于庆都、真定等地。因握有兵权的杨嗣昌事事掣肘，使卢象升屡战失利。但他誓死决战，激励将士奋杀。是年十二月十一日（1639年1月），卢象升移兵巨鹿贾庄，断粮七日，全凭百姓捐粮，掺杂冰雪为食，然无一人叛。是年十二月在巨鹿同清军激战时阵亡。

送君千里，终须一别

拼　音 sòng jūn qiān lǐ，zhōng xū yì bié

【解　释】形容朋友间的离别情（情谊难舍难分），尽管伴送千里也终有分别之时。

【出　处】元·无名氏《马陵道》楔子："哥哥，送君千里，终有一别，哥哥你回去。"

【示　例】清·文康《儿女英雄传》第十回："送君千里，终须一别，我也不往下送了。"

生子当如李亚子

【拼　音】shēng zi dāng rú lǐ yà zi

【解　释】生的孩子应该像当李亚子（李存勖）那样优秀！

【出　处】《资治通鉴》（朱温）"生子当如李亚子，克用为不亡矣！至如吾儿，豚犬耳！"

【附　注】后唐庄宗李存勖小名叫亚子，从小勇猛过人，十一岁就已经随父晋王李克用出征了。打了胜仗之后，李存勖随父亲一起觐见唐昭宗。看到这个英气逼人的少年，唐昭宗甚为欣赏，还令其上前，轻抚他的背说："此儿日后定是国家的栋梁之才，比其父更为勇武！"正是因为唐昭宗的一句"此子可亚其父"，李存勖才得了"亚子"的小名。

李存勖稍习春秋，略通文史。比起其父李克用，李存勖在计谋方面还要略胜一筹。李存勖虽然从十一岁开始就在父亲麾下作战，而且屡次进献奇策，显露出卓越的军事才能，但也只是作为父亲麾下的一员，并未完全绽放光彩。等到父亲去世，李存勖才真正横空出世，将自己的军事才能发挥出来，赢得了"战神"的威名。

公元923年消灭后梁，统一北方。同年四月，李存勖在魏州（河北大名县西）称帝，国号为唐，不久迁都洛阳，年号"同光"，史称后唐。

望眼将穿

拼　音 wàng yǎn jiāng chuān

解　释 眼睛都要望穿了。形容盼望殷切。同“望眼欲穿”。

出　处 宋·潘阆《酒泉子·三》词：“楼台簇簇疑蓬岛，野人只合其中老。别来已是二十年，东望眼将穿。”

附　注 潘阆，宋人，生年不详，卒于大中祥符二年（1009）。字逍遥，大名人。曾在洛阳卖药，北宋太宗至道元年（995），以能诗受荐举。自制《忆余杭》多首，一时盛传，曾得苏东坡的欣赏，把它写在玉屏风上，石曼卿还使人照词意作过画。潘阆在太宗和真宗两朝做过几任小官。太宗时，因言行“狂妄”得罪权贵，被撵出汴京，飘泊江湖，卖药为生，曾流落到杭州。杭州在钱塘江畔，每年农历八月十八日是潮汛的高潮期，皇朝把这一天定为“潮神生日”，要举行观潮庆典。

在北宋，观潮胜地在杭州。潘阆在杭州住过几年，涨潮的盛况当然给他留下极深刻的印象，以致后来经常梦见涨潮的壮观。他用《酒泉子》这词牌写过十首词，其一、二忆钱塘，其三、四忆西湖，其五至其十分别忆孤山、西山、高峰、吴山、龙山、观潮。每首起句均冠以“长忆”二字，后半阕第三句俱冠以“别来”二字。十首中以这第十首写得最好，最为后人所传诵。尤其“弄潮儿向涛头立，手把红旗旗不湿”这两句，使那些敢于在风口浪尖上向潮头挑战戏弄潮头藐视潮头的钱江健儿的神韵跃然纸上。

示　例 明·冯梦龙《醒世恒言》卷二十八：“一连数日，潘生望眼将穿，未得其便。”

亡命之徒

拼　音 wáng mìng zhī tú

解　释 原指逃脱户籍改换姓名、逃亡在外的人。出自《周书·郭彦传》："亡命之徒，咸从赋役。"后指不顾性命冒险作恶的歹徒。

出　处 后晋《旧唐书·乐彦祯传》："从训又召亡命之徒五百余辈，出入卧内，号为'子将'，委以腹心。"

成语故事 唐末的魏博节度使（驻魏州，今大名县）乐彦祯有个儿子叫乐从训。他不务正业，整天在外花天酒地、惹事生非，还结交了许多狐朋狗友，乐彦祯对此很伤心。

一次，乐从训听说都统王铎调往沧州，要经过魏州境内。他对王铎的家财向往已久，于是，用重金买通王铎家的歌女，说出王铎的行走时间和路线，便纠集了一批凶徒设置埋伏。等王铎一行走进他们的包围圈，便蜂拥而上，乱砍乱杀。不久，乐从训等人杀死了王铎及仆人，抢了王铎的金银财宝和歌女之后逃之夭夭。

后来，乐从训的胆子越来越大。888年春，他召集了500多个亡命之徒，为非作歹，弄得周围鸡犬不宁。州府上下怨声载道，纷纷要求严惩他。乐从训听到风声，连夜逃走了。

这时，乐彦祯被任命为魏博六州都指挥使兼相州刺史。乐从训便打着父亲的旗号，收集兵器，聚敛钱帛，滥杀无辜，州府怀疑乐彦祯图谋不轨，便罢免了他，推举都将赵文出来主持州事，乐彦祯又气又恨，不久病死。

乐从训带了3万余人来到魏州城下，气势汹汹地来问罪。赵文胆小怕事，按兵不动。上司怀疑赵文与乐从训串通一气，又罢免了赵文。罗弘信（魏州人）自告奋勇充任魏州节度使，率军出击，杀得乐从训片甲不留，终于消除了地方一害。

元振济窆

拼　音 yuán zhèn jì biǎn

解　释 窆，下葬。郭元振帮助陌生人安葬五世祖先的义举。

出　处 《新唐书·郭元振列传》："唐郭元振、年十六。为太学生。适其家寄资钱四十万。有缞服者叩门云。五世未葬。各在一方今欲迁窆。乏于资财。求相济。元振不问姓氏。悉与之。"

唐朝魏州贵乡（今河北大名北）人郭元振，十六岁时在太学里读书，家里给他四十万文钱做零碎用度。有一个穿丧服的人到郭元振的门口请求着道："我家里五代的灵柩都没有安葬好，散处在各地方，现在要想迁来安葬。可是没有钱，所以特地向先生来请求救济。"郭元振不问他姓名，就把家里寄出来的四十万文钱，尽数给了这个穿丧服的人，一点儿也没有吝惜。此事现编入《中华德育故事》。后以此事比喻君子帮助别人毫不猜疑、不遗余力。

A

安世不妄

拼 音 ān shì bù wàng

解 释 宋朝的刘安世从不说虚妄不实的假话骗人。

刘安世，宋朝元城（今大名县）人，“登进士第，不就选，从学于司马光，咨尽心行已之要。光教之以诚，且今自不妄语始”。他随司马光读书。司马光一生从来没有说过一句谎话。他自己说道：“我别的没有什么胜过人的地方。不过我平日间所做的事，没有不可以对人家说的。”刘安世跟司马光做学问。有一次，他问司马光：“尽心行己的紧要地方在那里呢？”司马光就教他第一要诚实。并且诚实先要从不说谎话做起。后来刘安世做了谏官，议论事情非常刚直。心里所晓得的事，没有不说的；说的时候。没有一次不是尽量说的。由于他的直言极谏，人家说他好像殿上的老虎一样。“安世不妄”现被编入《中华德育故事》《德育故事·二十四信》。

附 注 刘安世（1048—1125）北宋官吏。字器之，号元城、读易老人。魏州元城（今河北大名）人。以直谏闻名的大臣，被时人称之为“殿上虎”。登进士第，不就选。从学于司马光，光入相，荐为秘书省正字，又以吕公著荐，为右正言，累迁左谏议大夫，进枢密都承旨，章惇用事，贬英州安置，徙梅州，徽宗立得赦，历知衡、鼎、郓州及镇定府。刘安世在蔡京为相后，连谪至峡州羁管。有《尽言集》。

暗气暗恼

拼　音 àn qì àn nǎo

解　释 受了气闷在心里。

出　处 明·兰陵笑笑生《金瓶梅词话》第62回：“又着了那暗气暗恼在心里，就是铁石人也禁不的。”

成语故事 李瓶儿道：“也得我吃得下去是！”迎春便把吃茶的桌儿掇过去。王姑子揭开被，看李瓶儿身上，肌体都瘦的没了，唬了一跳，说道：“我的奶奶，我去时你好些了，如何又不好了，就瘦的恁样的了？”如意儿道：“可知好了哩！娘原是气恼上起的病，爹请了太医来看，每日服药，已是好到七八分了。只因八月内，哥儿着了惊唬不好，娘昼夜忧戚，那样劳碌，连睡也不得睡，实指望哥儿好了，不想没了。成日哭泣，又着了那暗气暗恼在心里，就是铁石人也禁不的，怎的不把病又发了！是人家有些气恼儿，对人前分解分解也还好，娘又不出语，着紧问还不说哩。”

附　注 李瓶儿，在《金瓶梅》中原是大名府梁中书小妾，李逵大闹大名府时，瓶儿带了一百颗西洋大珠、二百两一对鸦青宝石，与养娘走上东京投亲，后辗转嫁给西门庆。西门庆因京案连累，未能办理婚事，她因请蒋竹山诊病便嫁给了蒋竹山。后来蒋竹山为西门庆所害，她又嫁给西门庆，做了第六房妾。李瓶儿是《金瓶梅》中的第二号悲剧人物。

B

拔刃张弩

拼　音　bá rèn zhāng nǔ

解　释　刃：指有锋刃的兵器；弩：用机械发箭的弓。拔出刀，拉开弓，形容战斗前的紧张气氛。

出　处　东汉·班固《汉书·王莽传　第六十九下》："莽令恽责问，皆服。中黄门各拔刃将忠等送庐，忠拔剑欲自刎，侍中王望传言大司马反，黄门持剑共格杀之，省中相惊传，勒兵至郎署，皆拔刃张弩。"

八面威风

拼　音　bā miàn wēi fēng

解　释　八面：各方面。形容声势气派十足。

出　处　元·杂剧无名氏《庞涓夜走马陵道》（庞涓云）郑安平，他的那兵书战策在我根前卖弄，则是担水向河里卖。我如今打阵去。我若打了那阵呵，方显出大将军八面威风。（背云）且慢者。我如今打阵去，倘或将我拿住呵怎了。则除恁的。比及我打阵，我先叫一声说庞元帅打阵来了也。我哥哥听的我打阵。必然纵放我些，不敢拿住。

示　例　元·郑德辉《三战吕布》第三折："托赖着真天子百灵咸助；大将军八面威风。"

拔毛寒鸟

【拼　音】bá máo hán niǎo

【解　释】五代时罗绍威请朱温合力杀牙军引起兵变，再遭朱温讨伐，罗绍威从此势单力弱屈服于朱温之事。也作“自弱于人”。

【出　处】见《新五代史·梁太祖本纪》。魏州（驻所在今大名县东）节度使罗绍威蓄谋杀尽魏军牙军，向朱温请求支援以防兵变，朱温率兵北征。名义上是讨伐沧州刘仁恭，兵过魏州，实际是策应罗绍威杀牙军。当时魏州有兵士二万多人，听说城中弟兄遭屠杀，各自占据贝州、澶州、博州叛乱，推举大将史仁遇为主帅。朱温派大将各个击破，讨伐达半年之久，魏州兵士死伤多半，从此罗犹如被拔掉羽毛的飞禽，成了光杆司令，从此自感力不从心，示弱于朱温。

【附　注】罗绍威（910—942）字端已，魏州贵乡（今河北大名）人。魏博节度使，长沙郡王、邺王、中书令。代表作品《偷江东集》。仕梁，好学工书，知属文，聚书数万卷，开馆以延四方之士。拜太师兼工书令。其于字画，亦有以过人。卒年三十三。罗绍威有三子，长子罗廷规，位至司农卿，娶后梁太祖朱温女安阳公主，又娶金华公主，早逝。

拔了萝卜地皮宽

【拼　音】bá le luó bo dì pí kuān

【解　释】比喻为了行事方便而把碍眼的事物去掉。也比喻为了扩展地盘而排挤别人。

出　处 明·兰陵笑笑生《金瓶梅词话万历本 》第五十一回　月娘听演金刚科　桂姐躲在西门宅：那李瓶儿方才同他出来。被月娘瞅了一眼，说道："拔了萝卜地皮宽，交他去了，省的他在这里，跑兔子一般，原不是那听佛法的人！"这潘金莲拉著李瓶儿走出仪门，因说道："大姐姐好乾这营生！你家又不死人，平白交姑子家中宣起卷来了！都在那里围著他怎的？咱每出来走走，就看看大姐在屋里做甚么哩！"

附　注 《金瓶梅》中的李瓶儿，原为大名府梁中书小妾。详见【暗气暗恼】条。

白屋之士

拼　音 bái wū zhī shì

解　释 指贫寒的士人。

出　处 汉·王充《论衡·语增》："传语曰：'周公执贽下白屋之士。'谓候之也。夫三公，鼎足之臣，王者之贞干也；白屋之士，闾巷之微贱者也。。"

附　注 王充（27—约97），字仲任，东汉著名思想家、文学家。会稽上虞人（今属浙江），祖籍魏郡元城县（今河北大名县），系元城王氏之后，元城王氏在西汉时期极为风光，开基始祖王贺（王莽之曾祖）。王氏一门，有皇后、宰相、列侯、将军及各级官吏，势齐云霄，荣耀非凡。到了王莽时候，废汉自立新朝，元城王氏走向顶峰，成为天下第一家族，但也随着王莽政权的消失，地位一落千丈。

王充的祖上在元城王氏势力急剧膨胀时期开始显达，"几世尝从军有功"，骁勇善战，后被封到会稽阳亭，因此王充祖上由燕赵之地迁居秀水江南。

王充年少时就成了孤儿，乡里人都称赞他孝顺。后到京城，到太学里学习，拜班彪为师。王充以道家的自然无为立论宗旨，以“天”为天道观的最高范畴。以“气”为核心范畴构成了庞大的宇宙生成模式。其在主张生死自然、力倡薄葬，以及反叛神化儒学等方面彰显了道家的特质。他以事实验证言论，弥补了道家空说无着的缺陷。是汉代道家思想的重要传承者与发展者。王充思想虽属于道家却与先秦的老庄思想有严格的区别，虽是汉代道家思想的主张者但却与汉初王朝所标榜的“黄老之学”以及西汉末民间流行的道教均不同。《论衡》是王充的代表作品，也是中国历史上一部不朽的无神论著作

示　例 严复《论八股存亡之关系》：“是所工也多，故传书甚少；其转徙也艰，故受毁甚易；其为费也不资，故白屋之士不能得，书者甚众。”

白璧青蝇

拼　音 bái bì qīng yíng

解　释 白璧：洁白的玉，比喻清白的人。青蝇：比喻佞人。比喻善恶忠佞。

出　处 《金云翅传》第一回　无情有情陌路吊淡仙　有缘无缘劈空遇金重：“盖女人之身，重之则太山，轻之则鸿毛。白璧青蝇，关系终身，不可不慎也。”

示　例 为臣子莫贵忠和孝，继美于今有凤毛，白璧青蝇何足较。（《群音类选<龙泉记·赏菊闻报>》）。

附　注 《金云翅传》又名《双合欢》《双奇梦》，作者青心才人，明末清初流行小说，主人公围绕北京大名府员外王两松之子王观，长

女王翠翘、次女王翠云、富家秀士金重展开，叙述了一个悲欢离合、跌宕起伏的才子佳人爱情故事。

《金云翘传》明末清初流行小说，传阅颇为广泛，後在中国遭禁毁，却在海外广为传播。《金云翘传》得名于作品中3位主要人物金重、王翠云、王翠翘，为各取其姓名中一字组合而成。主要叙述王翠翘一生坎坷的生活遭遇。她出身名门、才貌出众，与书生金重私订终身。金重奔丧期间，她为救遭诬陷入狱的父亲而卖身，不料被骗沦落青楼。后被草莽英雄徐海所救，并帮助雪耻。徐海被杀后她投江遇救，最后和会试高中的金重团圆。《金云翘传》控诉了腐朽的封建制度对人民的残害，歌颂了争取自由和爱情的行为，寄托了人民的美好理想。

《金云翘传》原本为中国章回小说，成书于顺治、康熙年间。传本在中国近年才发现。国外日本有内合文库藏本。作品主人公王翠翘事迹最早见于明嘉靖浙江总督胡宗宪属下茅坤的《纪剿除徐海本末》。此书据史改写，明清间述王翠翘事者，有茅坤《纪剿徐海本末》及《附记》、王世贞辑《续艳异编》、余怀《王翠翘传》等。

约在18世纪末至19世纪初，越南著名诗人阮攸（1765—1820）倾心向往中国文化，到南京游学。阮攸寄寓南京近十年，被这个故事所感动，后将余怀的《王翠翘传》及青心才人的《金云翘传》携回本国，花了一年时间，改写为越南文学名著——长篇叙事诗“喃传”《金云翘传》，并搬上了越南舞台。该作品对越南近代文学的发展产生了深远的影响，其影响力可与中国文学史上的巨著《红楼梦》相当。

报束长生

拼　音 bào shù cháng shēng

解　释 典故，有德行的人因祈雨有验而被人祝福。也指做善事而得到祝福。

出　处 《晋书》卷五十一《束皙传》：“太康中，郡界大旱，皙为邑人请雨，三日而雨注，众谓皙诚感，为作歌曰：‘束先生，通神明，请天三日甘雨零。我黍以育，我稷以生。何以畴之？报束长生。’皙与卫恒厚善，闻恒遇祸，自本郡赴丧。”

附　注 束皙（263—302），西晋学者、文学家。字广微，阳平元城（今大名县束馆镇）人。

汉太子太傅疏广后代。王莽末，广曾孙孟达避难，自东海徙居沙鹿山（在今大名县东）南，因去疏之足，易姓束。晚年迁居丹阳。卒时，元城市里为之废业，门生故人，立碑墓侧。

少游国学，博士曹志誉为“好学不倦，人莫及”，与兄理俱知名。后还乡里，察孝廉，举茂才，皆不就。

束皙之兄娶了当时大官僚石鉴的从女为妻以后，又将其遗弃，致使石鉴深“以为憾”，因而有意压制束氏兄弟，并“讽州郡公府不得辟，故束等久不得调”。

其性沉退，不慕荣利。

元康中，乃拟东方朔《客难》作《玄居释》，阐述“道无贵贱”“守分任性”的观点，并借叹息往世，寄托对当时政治生活的感慨，为张华所赏，召为掾，又为司空王晃所辟。

华为司空，复以为贼曹属。他是当时多闻博识而精于古文的学者，后转佐著作郎，撰《晋书》帝纪、十志，迁博士。曾作《玄据释》以拟《客难》，从不拿学问作为争取荣华富贵的工具。因此，学术造诣颇深，其撰写的《七代通志》《三魏人士传》《五经通论》《发蒙记》等辯著作，均被后世学者推崇备至。

皙博闻广识，著名于时。太康二年（281），出土汲冢古文竹书，皙继荀勖、卫恒等随疑分释，以今文写定，迁尚书郎。著述甚富。永康元年

（300），赵王伦辅政，召为记室，疾辞罢归，教授门徒。旋卒。

示　例 唐·李商隐《所居永乐县久旱县宰祈祷得雨因赋诗》

甘膏滴滴是精诚，昼夜如丝一尺盈。只怪闾阎喧鼓吹，邑人同报束长生。

宋·宋祁《出城所见赋五题》二月雨堪爱，霏霏膏泽盈。添成竹箭浪，催发杏花耕。迥湿风头冷，微含日脚明。居然嘉应在，谁是束长生。

白水真人

拼　音 bái shuǐ zhēn rén

解　释 古钱币的别称，王莽代汉称帝后，因为钱字有“金刀”，而“刘”字正是由“卯、金、刀”组成（皆指繁体字），王莽便改称钱为“货泉”。“泉”字由“白”“水”两字组成，故称“白水真人”。

出　处 《后汉书》卷一下《光武帝本纪下》论曰：“及王莽篡位，忌恶刘氏，以钱文有金刀，故改为货泉。或以货泉字文为‘白水真人’。后望气者苏伯阿为王莽使至南阳，遥望见舂陵郭，唶曰：‘气佳哉！郁郁葱葱然。’及始起兵还舂陵，远望舍南，火光赫然属天，有顷不见。初，道士西门君惠、李守等亦云刘秀当为天子。其王者受命，信有符乎？不然，何以能乘时龙而御天哉！”

典例故事 王莽代汉后，忌恶刘氏，因钱面文字有“金刀”，所以改货币为“货泉”。有人说货泉字文像“白水真人”。后有望云气预言吉凶的苏伯阿，任王莽的使者到达南阳，远远地望见舂陵城郭，惊叹说：“云气多好啊，郁郁葱葱！”到光武刚起兵回舂陵，远望住宅南面，火光融融冲天，好一会儿才不见。从前，道士西门君惠、李守等也说过刘秀一定会当天子。大概是王者承受天命，真的有祥瑞的兆头吧？不然的话，何以能顺时乘龙主宰天下呢！

王莽建立新朝后，改革币制，铸行新的钱币。西汉从武帝刘彻元狩五年一直铸有五铢钱。王莽代汉以后，对姓刘的人很反感，因为刘的繁体字由“卯、金、刀”三字组成，因犯其忌讳，凡碰到这种字都要禁止，五铢的“铢”字从金字旁，故废掉了五铢钱。古音“泉”与“钱”通，因货币如泉水一样流通，故正式以“泉”代“钱”。

王莽制钱品种繁多，先后进行了四次货币改革，共发行了20多品货币。这些钱币换算十分困难，每一品与其他各品之间比值、比价都极不合理。天凤元年（公元14年），更行货布、货泉。货泉径2.3厘米，重5铢，货布重25铢，但一个货布却值25个货泉，结果又引起盗铸，许多人因此犯法而沦为官奴婢。王莽政治的黑暗、币制的混乱、私钱的充斥，加速了人民的破产。当时“富者不得自保，贫者无以自立”。米价高至每石一万钱，甚至黄金一斤只能易豆五升。王莽从主观出发，随心所欲地改革币制，滥发大钱，结果“每一易钱，民用破业”，“农商失业，食货俱废”。公元23年，王莽政权终于被农民起义推翻。

货泉在王莽货币中，是发行量最大、使用时间最长的一种。刘秀恢复王位后，非但不反对王莽兴铸的“货泉”，反而继续使用王莽的货泉达16年之久。道理何在呢？刘秀虽然是开国明君，英明神武，却十分相信谶纬。有人谓：真人既出，可复汉灭莽。他即位后认真品味了“货泉”二字，“泉”拆读为“白”“水”，“货”的繁体字近似“真”“人”，合起来就是“白水真人”。而刘秀恰好出生于南阳郡春陵白水乡，起兵又灭王莽于南阳白水。刘秀就以此为“受命”之依据，认定是一种大好征兆，认定此事与自己相关，迟迟不肯废去。也有学者认为，货泉之所以被刘秀沿用，是刘秀看重了“货泉”的美感。“货”具有非常突出明显的“美女”造型，犹如清晨河边美女沐浴，十分形象生动。

示　例 宋·陶谷《清异录·五百斤铁蒸胡》："汴州封禅寺 有铁香炉，大容三石，都人目之曰'香井'。炉边锁一木柜，窍其顶，游者香毕，以白水真人投柜窍。"

宋·王应麟《困学纪闻》卷十九："吕倚谢王岐公 馈钱酒，用白水真人、青州从事。岐公称之。"

棒喝齐施

拼　音 bàng hè jiāo chí

出　处 《五家宗旨纂要》："临济家风，全机大用，棒喝齐施，虎骤龙奔，星驰电掣，卷舒纵擒，杀活自在。"

附　注 "临济"即临济义玄禅师（？—867），唐代禅宗高僧，名义玄，因居临济院，世称临济义玄，佛教"临济宗"创始人。俗姓邢，曹州南华（今山东菏泽）人，晚年在魏州贵乡县（今大名县）兴化寺弘扬临济禅法，唐咸通八年（867），在贵乡县兴化寺圆寂。兴化寺为临济宗第一、第二和第三代祖师弘法蝉联之地。

义玄幼时聪敏，以孝闻名。居讲肆，以为教学不合济世，即投于黄檗会下，行业纯真。曾参于大愚，接得机用，悟得黄檗佛法，受其印可。曾到镇州，住镇州小院，后改为临济禅院。义玄晚应魏博镇（驻所魏州，今大名县）节度使是何敬弘请住在魏博镇的治所所在地魏州贵乡县兴化寺传法，并在此地去世。"贵乡县"与"魏州"在史书中也被称为"魏府"。

参看"当头棒喝"条目。

备尝艰辛

拼　音 bèi cháng jiān xīn

解　释 备：全、尽；尝：经历。受尽了艰难困苦。

出　处 《纪闻·吴保安》："吾自陷蛮夷，备尝艰苦，肌肤毁剔，血泪满池。"

附　注 吴保安，唐魏州贵乡（今河北大名县）人。详细介绍见【弃家赎友】。

背约负盟

拼　音 bèi yuē fù méng

解　释 盟：盟誓。违背原来的约定和誓言。指人背信弃义。

出　处 清·名教中人《好逑传》第五回："不料后来背约负盟，移花接木，治晚生心实不甘，故今日行权娶来，求太公祖与老父母做主。"

附　注 《好逑传》为长篇小说，又名《侠义风月传》，作者"名教中人"，坊本亦名《第二才子好逑传》，4卷18回。讲述的是大名府铁中玉（御史铁英之子）和水冰心的爱情故事。二个在患难相助之中，互通情愫，却又谨守礼义大防，最终御赐婚姻，终成"好逑"。全书大旨在宣扬"守经从权"之说，将纲常名教与青年男女正当交往调合起来，使"名教生辉"，"以彰风化"。

《好逑传》为"十大才子书"中第二才子书，此书在明清才子佳人小说中属于上乘之作。《好逑传》是第一部译成西方文字并得以出版的中国长篇小说，在西方文人中产生过较大影响，于十八世纪、十九世纪风靡欧洲，曾得到德国作家歌德的赞赏。《好逑传》已有英、法、荷、德、拉丁、俄、日等外文的选译或全译本三十余种。日本江户时期的著名汉学家泷泽马琴（1767—1848）所作《侠客传》，就是根据《好逑传》改写的，可见这部中国传奇小说对日本文学影响之深远。

《好逑传》的研究论著有陈绶颐教授所著《托马斯·帕西及其汉学研究》，此文将帕西英译本《好逑传》与库恩德译本《好逑传》作了比较研究。又，理查德·赫斯内的博士论文《中国十七世纪的才子佳人小说》，论述了《好逑传》《玉娇梨》等小说的成就及其对欧洲作家如席勒、歌德等所产生的影响。《好逑传》在汉籍外译的研究中也具有重大意义。

该书现已被改编制作成电影及电视剧《君子好逑》。

被灾蒙祸

拼　音 bèi zāi méng huò

解　释 被：遭，受；蒙：受。比喻遭受到灾难和祸害。

出　处 汉·王充《论衡·命义篇》：“人命有长短，时有盛衰，衰则疾病，被灾蒙祸之验也。”

兵连祸结

拼　音 bīng lián huò jié

解　释 兵：战争；连：接连；结：相联。战争接连不断，带来了无穷的灾祸。

出　处 《汉书·匈奴传》第六十四下

（王）莽将严尤谏曰："臣闻匈奴为害，所从来久矣——汉武帝选将练兵，约赍轻粮，深入远戍，虽有克获之功，胡辄报之，兵连祸结三十余年，中国罢耗，匈奴亦创艾，而天下称武，是为下策。"莽不听尤言，转兵谷如故，天下骚动。

附　注 王莽（公元前45年—公元23年），魏郡元城（今河北省大名县东）人，字巨君，新朝的建立者。详情见【王莽改制】。

兵革满道

拼　音 bīng gé mǎn dào

解　释 兵：兵器；革：甲胄。战乱中军用的武器装备散乱地遗弃，塞满了道路。形容战祸伤亡惨重。

出　处 汉·王充《论衡·寒温》："六国亡时，秦汉之际，诸侯相伐，兵革满道。"

秉文兼武

拼　音 bǐng wén jiān wǔ

解　释 犹言能文能武。

出　处 唐·牛肃《纪闻·吴保安》："李将军秉文兼武，受命专征。”

〖附　注〗吴保安，唐魏州贵乡（今河北大名县）人。详细介绍见【弃家赎友】。

炳烛夜游

〖拼　音〗bǐng zhú yè yóu

〖解　释〗夜间拿着蜡烛夜间游玩，旧时比喻不失时机，寻欢作乐。

〖出　处〗三国·魏·曹丕《与吴质书》：“少壮真当努力，年一过往，何可攀援？古人思秉烛夜游，良有以也。”

〖附　注〗吴质（177—230）字季重，定陶人，三国时著名文学家，曹魏大臣。公元217年，曹丕被立为太子，吴质出任朝歌长，又迁元城（今河北大名东）令。曹丕为巩固太子地位，常于吴质商量对策。曹丕称帝后，拜为中郎将，封侯爵，节度幽、并诸州军事。明帝曹叡继位后。吴质被征调入朝，担任侍中，成为辅弼大臣。

这是吴质任元城令时与曹丕的书信来往。

辩口利舌

〖拼　音〗biàn kǒu lì shé

〖解　释〗指能言善辩，伶牙利嘴。

〖出　处〗汉·王充《论衡·物势》：“亦或辩口利舌，辞喻横出为胜。”

示 例 殷谦《中国文坛的那些事儿》：“后者学浅才疏，投隙抵巇，徒有虚名，自然对别人批评向来反感，因为心虚就怕被人揭发出来，凡是见到批评他的文字，总是辩口利舌或避之不及。他们忽略了一个事实，那就是一件能引起注目的事物出现后，就必然要接受人们的质疑、考问或批评。”

避世离俗

拼 音 bì shì lí sú

解 释 指逃避浊世，超脱凡俗。

出 处 汉·王充《论衡·定贤》：“以清节自守，不降志辱身为贤乎？是则避世离俗，长沮、桀溺之类也。”

摽末之功

拼 音 biào mò zhī gōng

解 释 摽：通“镖”，刀刃，比喻微末。比喻很小的功劳。

出 处 《汉书·王莽传》：“乃至青戎，摽末之功，一言之劳，然犹皆蒙丘山之赏。”

不知大体

【拼　音】bù zhī dà tǐ

【解　释】知：知道；大体：重要的道理。不懂得大道理或从全局出发。

【出　处】《旧唐书·田弘正传》："时度支使崔倰不知大体，固阻其情，凡四上表不报。"

【示　例】清·褚人获《隋唐演义》第五十二回："今若遽尔回他，只道是我们薄情，不知大体的了。"

【附　注】田弘正（764—821），唐朝魏博节度使。本名兴，字安道，田承嗣侄，随先祖迁居魏州（今大名）。唐宪宗封田弘正为检校工部尚书、魏州大都督府长史、兼御史大夫、魏博节度观察等使、上柱国、沂国公，并赐名，充魏博节度使。穆宗时，兼中书令。性忠孝，好功名，聚书万余卷，通春秋左氏学。工丹青，尤善图人形。卒年五十八，赠太尉，谥忠愍。元和七年（812）魏博节度使田季安（田承嗣孙）死后，为众拥立。他送季安子怀谏入京师，请归顺朝廷，始受任为节度使，赐名弘正。十年，遣子布率军助朝廷讨伐淮西吴元济。继又逼成德节度使王承宗归唐，并出兵配合讨平淄青李师道的叛乱，十五年，调为成德军节度使。次年，被成德军都知兵马使王廷凑杀害。

不可多得

【拼　音】bù kě duō dé

【解　释】得：得到；获得。形容非常稀少，很难得到（多指人才或稀有物品）。

出　处　汉·王充《论衡·超奇篇》：“譬珠玉不可多得，以其珍也。”

不做不休

拼　音　bù zuò bù xiū

解　释　指事情既然开了头，就索性干到底。

出　处　元·无名氏《马陵道》第四折：“俺如今拚的个不做不休，这就是至诚心为人为彻。”

不让肉食

拼　音 bù ràng ròu shí

解　释 （父亲）不给儿子吃肉以激励其发奋学习成才的典故。

典例故事 五代时后唐刘赞，魏州（今大名）人，年纪很小就能做文章。父亲刘玭做县令，为激励他读书，每回吃肉，都另外摆些蔬菜让刘赞吃，对他说："肉食，这是君主给的俸禄。你想吃肉，就得下苦功学做文章，我的俸禄不能分给你。"由此刘赞用心读书，二十岁时已能写很好的文章。三十岁考取进士。

刘赞考中进士后，成为罗绍（地名）德高望重的判官，去为租庸出使赵岩当巡官，又为孔谦盐铁当过判官。唐明宗年，多次迁升官职为中书舍人、御史中丞、刑部侍郎。他做官严守法度，有权有势的人也不能够从他这里谋求好处。

当时，秦王从荣拥兵自重，有很多过失，有人说应该请一位师傅来辅佐他。大臣们害怕秦王，不敢替他做决定，因此请秦王自己选择。秦王就请来了刘赞，授予他秘书监的官职，做秦王的师傅。刘赞哭着说："祸患将要来了。"

秦王请来的王府元帅等官十几人，都是些轻浮阴险狡诈的人，每天阿谀奉承秦王讨他高兴，只有刘赞从容进谏，用正确的道理坦率地奉劝秦王。秦王曾经让宾客在座位上做文章，刘赞认为自己是师傅，耻于和这些小人物为伍，虽然勉强写了文章，但却露出不高兴的表情。秦王有些讨厌他，让仆从在刘赞来时不要通报。刘赞也就不去了，只是每月一日到秦王府上，回到家里就闭门不出，谢绝人事往来。不久秦王果然兵败而死，大臣们商议秦王属下的官员哪些应该收监受罚，冯道说："刘赞和秦王向来不和，在职不过一月，詹事王居敏和刘赞都因为正直而被秦王厌恶，河南府判官司徒诩告病在家很久了，（这些人）都应当没有参与秦王所谋划的事。而谘议参军高辇和秦王关系很好，按法应当判处死刑。其他人可以依次按实际情况判刑。”朱弘昭说：“大家不知道秦王的意图，假使秦王进了国都（当了国君），会怎样对待刘赞这些人呢？我辈还有家室族人吗！况且法律分首犯和从犯，如今秦王夫妇儿女都死了，而只杀刘赞等人自身一人算是他们的幸运了！”冯道等人都阻拦这样做，冯赟也力争说不能杀他们，于是判处了高辇死刑，而刘赞等十七人都被长期流放。

刘赞听说秦王兵败，就穿上白衣骑着驴等待判刑，有人告诉他只是被免了官，刘赞说：“哪有天子的后代被杀，而官僚却只是被免官的道理？我不死算是幸运了啊！”不久刘赞被流放到岚州做百姓。清泰二年，皇上下诏让他回故乡，走到石会关，病故。

不名一钱

拼　音 bù míng yī qián

解　释 名：占有。一个钱也没有。形容极其贫穷。

出　处 汉·王充《论衡·骨相》：“通有盗铸钱之罪，景帝考验，通亡，寄死人家，不名一钱。”

比屋可封

拼　音 bǐ wū kě fēng

解　释 意思是在唐、虞时代，贤人很多，差不多每家都有可受封爵的德行。后比喻社会安定，民俗淳朴。也形容教育感化的成就。

【出　处】《汉书·王莽传上》：“明圣之世，国多贤人，故唐虞之时，可彼屋而封。”

【示　例】清·严复《原强》：“夫古之所谓至治极盛者，曰家给人足，曰比屋可封。”

不足为凭

【拼　音】bù zú wéi píng

【解　释】不能当作凭证或根据。

【出　处】宋·刘安世《论蔡确作诗讥讪事第六》：“诗板是明白已验之迹，便可为据；开具乃委曲苟免之词，不足为凭。”

不拘小节　必罗大患

【拼　音】bù jū xiǎo jié　bì luó dà huàn

【解　释】唐末李存勖放任军士侵掠友邻而给晋主带来灾难性打击之事。

【出　处】《旧五代史·梁书·罗绍威传》：唐末朱温攻兖、郓州。朱瑄向太原的李克用求救，李派大将李存勖救援，魏州（今大名）主帅罗弘信允许其率部通过魏州辖区。李存勖御军不严，将士在莘县抢百姓财物。朱温乘机挑拨离间，罗弘信信其说，与朱温联盟，派兵打败李存勖。后又在魏州摆开战场，罗弘信的魏州军成为朱温牵制晋主李克用的主力。

不知深浅

【拼　音】bù zhī shēn qiǎn

【解　释】原意是不知道水的深浅。后多用形容不懂得事情的利害。

【出　处】汉朝王充《论衡·须颂篇》：“故不树长竿，不知深浅之度；无《论衡》之论，不知优劣之实。汉在百代之末。”

不谋而同

【拼　音】bù móu ér tóng

【解　释】谋：商量；同：相同。事先没有商量过，意见或行动却完全一致。

【出　处】《汉书·卷一百上叙传第七十上》

故王（莽）氏之贵，倾擅朝廷，能窃号位，而不根於民。师古曰：“言无据援。”是以即真之后，天下莫不引领而叹，十餘年间，外内骚扰，远近俱发，假号云合，咸称刘氏，不谋而同辞。方今雄桀带州城者，皆无七国世业之资。

不拘绳墨

【拼　音】bù jū shéng mò

解　释 绳墨：木工用以画直线的工具，借喻法度、规矩。形容人的行为或艺术风格洒脱、豪放，超逸不羁。

出　处 明·冯梦龙《喻世明言》卷八："话说大唐开元年间，宰相代国公郭震，字元振，河北武阳人氏。有侄儿郭仲翔，才兼文武，一生豪侠尚气，不拘绳墨。"

附注一 郭震（656—713），唐朝将领。字元振，魏州贵乡（今河北大名县）人。十八岁举进士，任通泉县尉。因参与平息皇室内乱有功，封代国公，兼御史大夫，持节为朔方道大总管。时玄宗于骊山讲武，因军容不整而被治罪，免死流放新州，不久起用为饶州司马，病逝途中。著有兵书《定远安边策》三卷。

附注二 "武阳"即"武阳郡"。北周大象二年（580）分相州置。治所在贵乡（今河北大名东北）。隋大业三年（607）为武阳郡。隋末，李密改武阳郡为魏州。后世文献和文艺作品常以"武阳"代指大名。

不解衣带

拼　音 bù jiě yī dài

解　释 解：脱去，解下。不脱衣服就休息，形容非常忙碌和辛劳。

出　处 东汉·班固《汉书·王莽传》：“阳朔中，世父大将军凤病，莽侍疾，亲尝药，乱首垢面，不解衣带连月。”

示　例 《清史稿·儒林传·江声》：“遭父疾，晨夕侍床褥，不解衣带。”

不欺屋漏

拼　音 bù qī wū lòu

解　释 屋漏：1.古代室内西北隅施设小帐，安藏神主，为人所不见的地方称作“屋漏”。《诗·大雅·抑》：“相在尔室，尚不愧于屋漏。”“毛传”：“西北隅谓之屋漏。”郑玄笺：“屋，小帐也；漏，隐也。”后即用以泛指屋之深暗处。比喻即使在暗中也不做坏事，不起坏念头。

出　处 清·名教中人《好逑传》第八回：“台兄乃不欺屋漏之君子，不胜愧悔。”

不知其详

拼　音 bù zhī qí xiáng

解 释 不知道他的详细情况。

出 处 清·名教中人《好逑传》第十一回："此时铁公子因冯按院出告示的缘故，不知其详，放心不下。"

示 例 施御史家的事，我也略闻，不知其详。（清·吴敬梓《儒林外史》第四十四回）

不辞劳苦

拼 音 bù cí láo kǔ

释 义 辞：推托。劳苦：劳累辛苦。不逃避劳累辛苦。形容人不怕吃苦，毅力强。

出 处 唐·牛肃《纪闻·吴保安》："今日之事，请不辞劳苦。"

附 注 吴保安，唐魏州贵乡（今河北大名县）人。详细介绍见【弃家赎友】。

示 例 真正难得的，是她那不会厌倦的同情和不辞劳苦的服务。（朱自清《刘云波女医师》）

百不失一

拼 音 bǎi bù shī yī

解 释 一百次中无一次失误。表示射箭或打枪命中率高，或做事有充分把握。

出　处 汉·王充《论衡·须颂》："从门应庭，听堂室之言，什而失九，如升堂窥室，百不失一。"

示　例 他把算子一动，便晓得这人姓名，穷通寿夭，百不失一（明·凌蒙初《初刻拍案惊奇》卷七）。

闭明塞聪

拼　音 bì míng sè cōng

解　释 "明"指眼睛，"聪"指耳朵，闭明塞聪指堵塞视听。比喻对外界事物不闻不问或不了解。

出　处 汉·王充《论衡·自纪》："闭明塞聪，爱精自保。"

半筹不纳

拼　音 bàn chóu bù nà

解　释 筹：古代计算工具，引伸为计策；纳：缴纳，半条计策也拿不出来。比喻一点办法也没有。

出　处 元·李文蔚《燕青博鱼》第一折："往常时我习武艺学兵法，到如今半筹不纳。"

示　例 万骑交驰，两军相见，咱手里半筹不纳（元·朱凯《昊天塔》第二折）。

附　注 《燕青博鱼》元代李文蔚作。写梁山头领燕青、燕顺救护燕和，杀死与燕和妻王腊梅私通的杨衙内的故事。共四折一楔子。剧情是：重阳节燕青下山游赏，过期方归，本当诛，吴用等人为他向宋江求情得免。燕青受到责备，气愤之下双目失明，宋江令他下山求医，后流落汴梁。汴梁人燕和之妻王腊梅与杨衙内有奸情，其弟燕顺厌恶之下，离家出走。三月三日，杨衙内骑马赴王腊梅之约，撞倒盲人燕青且无理殴打。燕青误扭燕顺，燕顺怜他因盲受辱，下针使他复明。二人互通姓名，结为兄弟。燕青到酒店博鱼，恰好燕和夫妇在店里饮酒。燕和博得燕青的鱼，经燕青恳求又将鱼还给了他，杨衙内到酒店，见燕青不回避便夺去他的鱼担。燕青识得杨衙内即是去年打自己的那个人，将他狠揍一顿。燕和在一旁见燕青拳脚厉害，也与他结为兄弟，并请他住到自己家中。中秋节，王腊梅约会杨衙内被燕青看见，报告燕和。杨衙内逃走后率人缚住燕青和燕和，后二人越狱逃走，遇到已入梁山的燕顺前来营救。三人合力擒住杨衙内和王腊梅并杀之，一起回到梁山。《燕青博鱼》全名《同乐院燕青博鱼》，又名《报冤台燕青扑鱼》，有明万历间脉望馆钞校内府本、《元曲选》乙集本、《酹江集》本、《元人杂剧全集》本。

“博鱼”又称“扑鱼”，是宋元“关扑”风习的一种。关扑是当时流行的一种赌博与商品交易相结合的习俗。宋元时期赌风盛行，赌博活动亦深入到当时蓬勃发展的商业领域。所谓关扑，即商人的所有商品既可以卖，亦可以扑。关扑双方约定好价格，用头钱（即铜钱）在瓦罐内或地下掷，根据头钱字幕的多少来判定输赢。赢可折钱取走所扑物品，输则付钱。关扑由钱币赌发展而来，它和商业活动紧密相连，有其特殊性，即一般不赌钱，而是赌物。过去史学界一般均把它归之为娱乐。事实上赌物也是一种赌博，而且当时的关扑还不仅限于日常生活用品，有时赌得很大，“有以一笏扑三十笏者。以至车马、地宅、歌姬、舞女，皆约以价而扑之。”关扑这种亦商亦赌的方式，简洁明了，且带有很在的偶然性，故在民间非常盛行。

C

村姑田妇

【拼　音】cūn gū tián fù

【解　释】农村少女与种田的妇人。指乡下见识不多的女人。

【出　处】清·名教中人《好逑传》第九回：“来你这地方，甚么村姑田妇，冤他拐带！”

材高知深

【拼　音】cái gāo zhì shēn

【解　释】材：通“才”。知：通“智”。才能出众，智慧高超。

【出　处】汉·王充《论衡·程材》：“今世之将，材高知深，通达众凡，举纲持领，事无不定。”

承平

【拼　音】chéng píng

【解　释】太平。太平、兴盛的时代。

出　处 《汉书·食货志》："王莽因汉承平之业，匈奴称藩，百蛮宾服。"

示　例 蔡东藩·《清史演义》第一回："士读于庐，农耕于野，工居于肆，商贩于市，各安生业，共乐承平，仿佛是汪洋帝德，浩荡皇恩。"

采兰

拼　音 cǎi lán

解　释 喻人求珍异以归。"后因以"采兰"谓供养父母之事。

出　处 晋·束皙《补亡诗》之一："循彼南陔，言采其兰。眷恋庭闱，心不遑安。"唐·李善注："采兰，以自芬香也。循陔以采香草者，将以供养其父母，喻人求珍异以归。"后因以"采兰"谓供养父母之事。

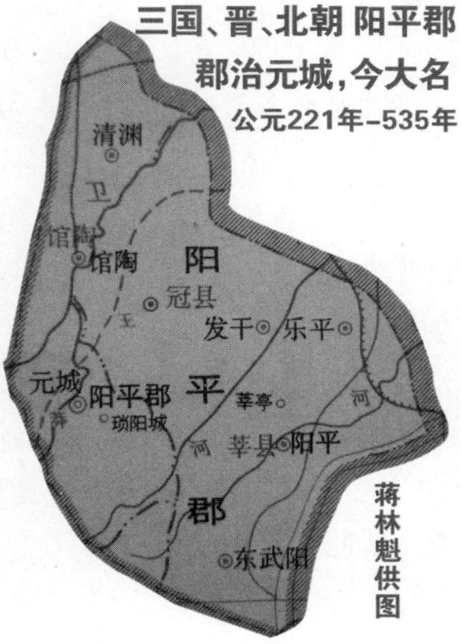

蒋林魁供图

唐·韩愈《送汴州监军俱文珍诗》："晓日驱征骑，春风咏采兰。谁言臣子道，忠孝两全难。"

附　注 束皙（263—302），西晋学者、文学家。见【报束长生】。

草木知威

拼　音 cǎo mù zhī wēi

解　释 连草木都知道他的威名。形容威势极大。

出　处 《新唐书·张万福传》："朕谓江淮草木亦知尔威名。"

附　注 张万福（716—805），唐代将领，魏州元城（今大名）人，以儒业不显，乃学骑射，以别校从征辽东有功。李恒伐刘展，署为部将，斩杀万级，累摄寿州刺史，舒庐寿都团练使，复进淮南节度副使。大历三年（768）代宗召见，授和州刺史兼行营防御使，后又诏以本镇兵防秋京西，留为宿卫。德宗时，为濠州刺史，召拜左金吾将军，因直言敢谏，天下益重其名。以工部尚书致仕，元和元年卒，年九十。万福自始从军至卒，禄食七十年，未尝病一日。典九郡，皆有惠爱。

张万福自幼学骑射，十七八岁从军，屡立战功，代宗为了褒奖他，给他改名"张正"。德宗的时候，李正以反叛朝廷，控制了江、淮各渡口，拦截过往船只。为了平定李正己，朝廷便以张万福为濠州刺史。在召见他时，德宗说："先帝改卿名'正'者，所以褒卿也。朕以为江淮草木也知卿威名，若从先帝所改，恐贼不知是卿也。"于是又恢复了他的名字"张万福"。

张万福率兵来到涡口，立马上岸。叛军知道是张万福率领着部队来了，谁也不敢再拦截江中的船只。

鸱目虎吻

【拼　音】chī mù hǔ wěn

【解　释】鸱：鹞鹰，一种猛禽；吻：嘴唇边。形容人相貌阴险凶恶。

【出　处】《汉书·王莽传中》："莽所谓鸱目虎吻，豺狼之声者也。"

触讳犯忌

【拼　音】chù huì fàn jì

【解　释】违犯禁忌或忌讳。

【出　处】汉·王充《论衡·程材》："割切将欲，直言一指，触讳犯忌。"唐·韩愈《送穷文》："捩手覆羹，转喉触讳。"

辞喻横生

【拼　音】cí yù héng shēng

【解　释】辞：言词；喻：比喻。言词中生动的比喻横逸而出。

【出　处】汉·王充《论衡·物势篇》："亦或辩口利舌，辞喻横生为胜，或诎弱缀跲，蹥蹇不比者为负。"

寸兵尺铁

【拼　音】cùn bīng chǐ tiě

【解　释】比喻微小的武力。

【出　处】宋·苏轼《策略五》："王莽一竖子，乃举而移之，不用寸兵尺铁，而天下屏息，莫敢或争。"

出头之日

【拼　音】chū tóu zhī rì

【解　释】出头：摆脱困境等。指从困厄、冤屈、压抑的处境中摆脱出来的日子。

【出　处】元·无名氏《庞涓夜走马陵道》第三折："如今佯推风疾举发，白日里与儿童作戏，到晚间共羊犬同眠。不知几时才得个出头之日。"

才高行厚

【拼　音】cái gāo xíng hòu

【解　释】厚：不可轻薄，端谨。指才能高，品德端谨。

【出　处】汉·王充《论衡·命禄》："或时才高行厚，命恶，废而不进；知寡德薄，命善兴而超迈。"

才高行洁

【拼　音】cái gāo xíng jié

【解　释】才智高超，操行纯洁。

【出　处】汉·王充《论衡·逢遇》“才高行洁，不可保必尊贵，能薄操浊，不可保必卑贱。”

成佛作祖

【拼　音】chéng fó zuò zǔ

【解　释】指修成佛道，成为祖师。比喻获得杰出成就。

【出　处】唐·三圣慧然《临济慧照玄公大宗师语录》

常侍一日访师——问：“这一堂僧还看经么？”师云：“不看经。”侍云：“还学禅么？”师云：“不学禅。”侍云：“经又不看，禅又不学，毕竟作个什么？”师云：“总教伊成佛作祖去。”

【示　例】清·李渔《闲情偶寄·词曲·词采》：“强而后能者，毕竟是半路出家，止可冒斋饭吃，不能成佛作祖也。”

【附　注】“临济慧照玄公大宗师”即临济义玄禅师，唐末魏州（驻所今大名县）兴化寺高僧。可参看【棒喝齐施】。

出镞诫子

拼 音 chū zú jie zǐ

解 释 李存审用自己身上剥出的箭头来教育孩子富贵来之不易，需知艰难创业的典故（也作“百镞诫子”）。

出 处 《资治通鉴·后唐纪》李存审出于寒微，常戒诸子曰：“尔父少提一剑去乡里，四十年间，位至将相。其间出万死获一生者非一，破骨出镞者几百余。”因授以所出镞，命藏之，曰：“尔曹生于膏粱，当知尔父起家如此也。”

附 注 李存审（862—924），原姓符名存，字德祥，陈州宛丘人，五代后唐名将。因被李克用收为义子并赐国姓。存审与其子符彦卿曾多次转战于魏州（今大名）并长期驻守于此，历经数战，未尝败绩。后梁末帝乾化五年（915）指挥元城（今大名）会战。晋王李存勖进攻魏博（驻所今大名县）派符存审出任前锋收服临清。翌年三月，刘军犯境魏州，已经会合庄宗的符存审率军截断其退路，双方在元城旧址开战，梁军溃败，符存审乘胜追击收复了澶、卫、磁、洺州、邢州、沧州。庄宗授符存审检校太傅、横海节度使，兼领“魏博马步军都指挥使”。后梁龙德三年（923）正月，符存审在平定镇州叛乱后还师魏州，庄宗亲自出城以宴乐迎接。

李存审子符彦卿（898—975）五代及北宋初期将领，一生中多次任职并受封于大名。后汉乾祐年间，封魏国公（封地即大名府境），拜守太保。后周太祖以彦卿为大名尹、天雄军（驻所今大名县）节度使，进封卫王。后周世宗拜彦卿太傅，改封魏王（封地即大名府境），仍为天雄军节度使。北宋太祖建隆元年（960）符彦卿以天雄军节度使、魏王身份守大名府至太祖开宝二年（969）。宋真宗咸平初，符彦卿又为天雄军、邢州二钤辖。咸平三年，因病上奏朝廷求归京师，真宗诏遣中使、尚医驰传诊视。不久符彦卿才从大名府回京。

吃不了兜（包）着走

拼　音 chī bù liǎo dōu zhe zǒu

解　释 1. 比喻惹出了事或造成了不良后果必须自己承受。2. 原是方言俗语，流传开后，它的原意人们渐渐淡忘了，反倒是它带着警告、威胁语气或玩话的引申义，为大家所熟知，其意即指："出了问题，（你）要承担一切后果"或"有你好看，从此你就让我慢慢磨吧"。也作"吃不了包着走"。

出　处 明·兰陵笑笑生《金瓶梅词话》第十三回："你安下人摽柱她汉子在院里过夜，这里要他老婆（指李瓶儿），我叫你吃不了包着走。"

附　注 "李瓶儿"原为大名府梁中书小妾。详见【暗气暗恼】。

示　例 清·曹雪芹《红楼梦》第二十三回："不可拿进园去，叫人知道了，我就吃不了包着走了。"

长安天子，魏府牙兵

拼　音 cháng ān tiān zǐ，wèi fǔ yá bīng

解　释 （唐）长安的天子最厉害，魏州的牙军最厉害。

牙兵（又称衙兵或牙军）是唐后期、五代藩镇节帅所设亲兵武装，多戍守牙城，负卫节帅居宅，待遇较他军优厚，一般都骄横难制。魏博（驻今大名县）是唐后期著名的"河朔三镇"之一，其牙兵尤"悍骄不顾法令"，时有"长安天子，魏府牙军"之称。降及五代，魏博牙兵依旧跋扈。这类武装集团在当时政治、军事局势变动中所起到的不容忽视的作用。

第一支牙兵由魏博强藩地位的缔造者田承嗣于唐代宗广德元年（763）

始建置。田氏镇魏博维系四世近五十年，其后镇柄虽屡经转易，但这支牙兵却父子相承，一直传延至唐哀帝天佑三年（906），被节度使罗绍威联合朱温“阖营殪之”灭。

魏博第二支牙兵是在后梁乾化二年（912）梁太祖死后，由夺取魏博帅位的杨师厚建置。据《旧五代史·杨师厚传》载：“师厚纯谨敏干，深为太祖知遇，委以重兵剧镇，他莫能及。然而末年矜功恃众，骤萌不轨之意，于是专割财赋，置银枪效节军凡数千人，皆选摘骁锐，纵恣豢养，复故时牙军之态，时人病之。”这支号为“银枪效节军”的牙兵队伍一直传延至后唐明宗天成二年（927）。此年，为牙兵所制的节帅赵在礼阴通后唐明宗，出效节九指挥北戍卢台，后乘乱将此军联同其在营家属“并全门处斩”，史载“永济渠为之变赤”。我们称此支日杨师厚系牙兵。此后，魏博牙兵跋扈之迹在史籍记载中便很少见到。魏博牙兵作为一个以地域为基础，组织、意志相对独立的武装集团，其举动不仅影响到魏博境内的军政，而且对唐末五代政局变动产生了重大影响。

出　处 《资治通鉴》《新唐书》《旧唐书》《旧五代史》《新五代史》。

残汤剩水

拼　音 cán tāng shèng shuǐ

解　释 指残剩下来的汤水与食物。

出　处 元·李文蔚《燕青博鱼》第一折：“我揣巴些残汤剩水，打叠起浪酒闲茶”。

示　例 路遥《平凡的世界》第一卷第一章：“他瞧见乙类盆的底子上还有一点残汤剩水。”

仇人相见，分外眼明

拼　音 chóu rén xiāng jiàn，fèn wài yǎn míng

解　释 指当敌对的双方相逢时，彼此对对方都格外警觉和敏感。

出　处 明·施耐庵《水浒传》六十八回——宋公明夜打曾头市，卢俊义活捉史文恭："燕青牵了那匹千里龙驹，径到大寨。宋江看了大喜，仇人相见，分外眼明。"

解　释 有一天，冤家路窄，这一位守备……在马路上大声叫"东洋车"。被他看见了，真是仇人相见，分外眼明。（《二十年目睹之怪现状》第十回）

D

涤地无类

拼　音 dí dì wú lèi

解　释 荡涤无遗。形容清除得彻底。

出　处 《后汉书·隗嚣传》：“（王莽）使四境之外，并入为害，缘边之郡，江海之濒，涤地无类。”

调兵遣将

拼　音 diào bīng qiǎn jiàng

解　释 调动兵力，派遣将领。泛指调动安排人力。

出　处 明·施耐庵《水浒全传·百回本》第六十七回

“比及邻郡起军追赶梁山泊人马时，已自去得远了，且教各自收军。梁中书的夫人躲在后花园中逃得性命，便叫丈夫写表申奏朝廷；写书教太师知道，早早调兵遣将，剿除贼寇报仇。”

短见薄识

拼　音 duǎn jiàn bó shí

【解　释】指见识短浅。

【出　处】元·无名氏《马陵道》楔子：“庞涓久后得地呵！此人是个短见薄识、绝恩绝义的人。”

道同志合

【拼　音】dào tóng zhì hé

【解　释】表示志向、信仰、情趣相同。

【出　处】汉·王充《论衡·逢遇》“夫贤圣，道同志合趋齐，虞舜太公行耦许由伯夷操违者，　生非其世，出非其时也。道虽同，同中有异志虽合，合中有离。”

殿上虎

【拼　音】diàn shàng hǔ

【解　释】北宋刘安世为谏议大夫，本着严正的态度，立于朝廷，遇事敢言，评论政事，刚正忠直，不畏强权，据理力争，往往当面折服，一时深受朝廷上下恭敬畏惧，称他为“殿上虎”。

【出　处】脱脱《宋史》：（刘）安世仪状魁硕，音吐如钟。初除谏官，未拜命，入白母曰：“朝廷不以安世不肖，使在言路。倘居其官，须明目张胆，以身任责，脱有触忤，祸且立至。主上方以孝治天下，若以老母辞，当可免。”母曰：“不然。吾闻谏官为天子诤臣，汝父平生欲为之而弗得，汝幸居此地，当捐身以报国恩。若得罪流放，无问远近，吾当从汝所之。”于是受命。在职累岁，正色立朝，扶持公道。其面折廷争，或帝盛怒，则执简却立，伺怒稍解，复前抗辞。旁侍者远观，蓄缩悚汗，目之曰“殿上虎”，一时无不敬慑。

附　注 刘安世，字器之。元城（今大名县）人，父亲刘航，最后任太仆卿。刘安世考中了进士，没有去参加铨选（选官），向司马光求学，询问尽心行已（尽心做人）的要旨。司马光用诚信来教导他做人要诚实，并要求他从不说假话乱发议论开始。授官任起居舍人兼左司谏，后又晋升为左谏议大夫。安世身材魁伟，容貌端庄，声如洪钟。起初任命为谏官，还未受命，回到家里对母亲说：“朝廷不因为我安世不贤，让我任谏官。倘若就任这个官职，那就要有胆识也敢于伸张正义而无所畏惧，以自己的生命来担负起职责。如果冒犯了皇上，灾祸贬官就会立刻到来。皇上正以孝道治理天下，如果说我以母亲年老为托辞，应当可以避免任此官职。”母亲说：“这就不对了。我听说谏官是皇上面前敢于直言诤谏的重臣，你父亲一生都想做这样的官却未能做到，而你有幸任此官职，你应当献出生命来报效国家的大恩。纵使遭罪被流放，不论远近，我一定会随你去的。”（安世）于是接受了官职。他在职多年，神色严肃立于朝廷之上，主持公道。他当面指斥，在朝廷上谏争，有时碰上皇上大怒，（他）就握着手板退一步站立，等皇上怒气稍解，再上前争辩。旁边陪侍的人在远观看，缩着头害怕得身上冒汗，把他称作“殿上虎”，一时间没有人不敬仰他。在家中居住时也从没有懈怠的面容，坐了很久也不会侧身倚靠。写字从不用草书，不喜欢歌舞女色珍宝财富。他忠孝正直，都是效法司马光。年老以后，朝廷上的各位贤人差不多死光了，而他岿然独立于朝廷上，并且名望更加显赫。宦官梁师成把持朝政，能定人生死，心中叹服他的才德，找到一个安世身前身后奔走的名叫吴默的小吏，让他带一封信给安世，用封大官来引诱他。吴默劝他为子孙们考虑，安世笑着回答：“我如果要为子孙考虑，就不会是这样子。我想做元年间的完人，好到九泉之下见我老师的司马光。”退还了梁师成的信不予理睬。

可参看【安世不妄】。

德行醇备

拼　音 dé xíng chún bèi

解　释 道德品行淳厚完美。

出　处 《汉书·王莽传下》："（唐林 、 纪逡）孝弟忠恕，敬上爱下，博通旧闻，德行醇备，至於黄髪，靡有愆失。"

示　例 清·龚自珍《京师乐籍说》："自非二帝三王之醇备，国家不能无私举动，无阴谋。"

德薄才疏

拼　音 dé bó cái shū

解　释 薄：浅；疏：空虚。品行和才能都很差。常作谦辞。

出　处 明·施耐庵《水浒全传·百回本》第六十八回宋公明夜打曾头市 卢俊义活捉史文恭：（卢俊义）"小弟德疏才薄，怎敢承当此位！若得居末，尚自过分。"

附　注 卢俊义是《水浒传》中的经典人物形象之一，绰号"玉麒麟"，武艺高强，枪棒天下无双，祖居北京大名府（今河北省大名县）。卢俊义如书中所言"卢某生于北京，长在豪富之家；祖宗无犯法之男，亲族无再婚之女；更兼俊义作事谨慎，非理不为，非财不取，其人家世清白，为人谨慎，世居大名府”。因为宋江喜爱他的才华，被诓上梁山，后来成为梁山第二首领。卢俊义和宋江一同受招安后，征讨辽国、田虎、王庆、方腊，官至武功大夫、卢州安抚使。蔡京等奸臣传召卢俊义回京，把水银放在皇帝赐给他的饭菜中，卢俊义痛得无法骑马，只好坐船回庐州，途中在船上吐血，落水溺死。他的英勇事迹“大战金沙滩”“活擒史文恭”等通过评书、戏曲等方式在民间广为流传，在扬州评话中有单独的《卢十回》。

此外在金圣叹批的《贯华堂第五才子书水浒传》之中，把七十一回以后关于受招安、征辽、田、王、方等内容删掉，增入卢俊义梦见梁山头领全部被捕杀的情节以结束全书。

历史上的宋江起义三十六人，多数并无名字记载。而在宋元时期的《大宋宣和遗事》中，卢俊义作“玉麒麟卢进义”，与《水浒传》略有不同，《大宋宣和遗事》说卢进义（卢俊义）率孙立等十一人同上太行山落草，后来才成为梁山的首领。同一时期画家龚开的《宋江三十六人赞》画赞中初次完整地记录了宋江三十六人的姓名和绰号，其中包括了卢俊义，但当时卢俊义仍作卢进义，其他吴加亮、李海、阮进等人则作吴学究、李俊、阮小二、关胜、杨雄、张清、张横，删去了公孙胜、林冲、杜迁、一丈青李横，增加了解珍、解宝二人。

因七十回本为金圣叹删除大聚义后部分，并加上了“卢俊义惊噩梦”的结尾而成，因此在各种水浒七十回本续书中，卢俊义都必然是开场角色，且有着较多的戏份。其中在《荡寇志》中，卢俊义曾被带兵围攻梁山的徐槐劝说，几乎投降，最后却决定与梁山共存亡，最后战败，成为被押赴汴京处决的梁山好汉之一。在《残水浒》中，卢俊义与宋江决裂，反戈投军。张恨水《水浒新传》中，卢俊义成为抗金英雄之一。此外，在百回本续书《后水浒传》中，卢俊义转世为王摩。

戴头识脸

拼　音 dài tóu shí liǎn

解　释 比喻有面子有身分。

出　处 明·施耐庵《水浒传》第十六回：杨志押送金银担 吴用智取生辰纲："你这客人好不君子相！戴头识脸的，也这般啰唣！"

示　例 只怕上面没嫡妻，儿子们又都是戴头识脸的人物。（清·西周生《醒世姻缘传》第三十六回）

冬扇夏炉

拼　音 dōng shàn xià lú

解　释 冬天的扇子，夏天的火炉。比喻不合时宜。也比喻毫无用处的东西。

出　处 汉·王充《论衡·逢遇》："作无益之能，纳无补之说，以夏进炉，以冬奏扇，为所不欲得之事，献所不欲闻之语，其不遇祸幸矣，何福祐之有乎。"

丹青之信

拼　音 dān qīng zhī xìn

解　释 丹：红色；信：确实。红黑二色是不变的颜色。比喻事情已经明了，不可改变。

出 处 《汉书·王莽传第六十九下》：“明告以生活丹青之信，复迷惑不解散，皆并力合击，殄灭之矣！”

丹青之信，就是讲究诚信。它源于汉魏时代一个常用的典语，引申表示必然的意思。如光武帝诏：明设丹青之信。扬雄太玄：赤石不夺，节士之必。曹植：吾与夫子，义贯丹青。都是借丹青颜色的不会变更引申为必然、不渝的意思。

示 例 臣愿得奉威命，开以丹青之信。（《资治通鉴·汉纪·光武帝建光三年》）

斗筲穿窬

拼 音 dòu shāo chuān yú

解 释 斗：量器，容十升。筲：竹器，容十二升。斗筲：喻人气度狭小，见识浅陋。穿：穿墙。窬：翻墙。穿窬之盗。

后以“斗筲穿窬”比喻人鄙陋苟且。亦借指鄙陋苟且的人。

出 处 宋·苏轼《张九龄不肯用张守珪牛仙客》：“西汉之末，敢言者惟王章、朱云二人，章死而云废，则公卿持禄保妻子如张禹、孔光之流耳。故王莽以斗筲穿窬之才，恣取神器如反掌。”

大功毕成

拼 音 dà gōng bì chéng

解　释 功：事业；告：宣告。指巨大工程或重要任务宣告完成。

出　处 《汉书·王莽传上》："十万众并集，平作二旬，大功毕成。"

成语故事 西汉末年，外戚安汉公王莽模仿周公建造明堂，设立雍灵台，集中天下学者讲学著述，网罗天下才子几千人。后有10万多人为他写颂诗，歌颂他的德政，花了20天时间才大功告成。

大街小巷

拼　音 dà jiē xiǎo xiàng

解　释 城镇里的街道里弄，概指都市里的各处地方。

出　处 明·施耐庵《水浒全传》第六十六回时迁火烧翠云楼 吴用智取大名府："正月十五日，上元佳节，好生晴朗，黄昏月上，六街三市，各处坊隅巷陌，点花放灯，大街小巷，都有社火。"

丁公凿井

拼　音 dīng gōng záo jǐng

解　释 比喻传来传去而失真。

出　处 汉·王充《论衡·书虚》："俗传言曰，丁公凿井，得一人于井中。夫人生于人，非生于土也。"

详细解释见【穿井得人】。

大刀阔斧

拼　音 dà dāo kuò fǔ

解　释 原指使用阔大的刀斧砍杀敌人。后比喻办事果断而有魄力。

出　处 明·施耐庵《水浒全传》第一百一十八回 卢俊义大战昱岭关 宋公明智取清溪洞："当下催军劫寨，大刀阔斧，杀将进去。"

示　例 世界上原有两种人：一种是大刀阔斧的人，一种是细针密线的人。（朱自清《山野掇拾》）

大盗窃国

拼　音 dà dào qiè guó

解　释 大盗：指窃国篡位者。指坏人窃取政权，颠覆国家。

出　处 《后汉书·光武帝纪赞》："炎正中微，大盗移国。"李贤注："汉以火德王，故曰炎正。大盗谓王莽篡位也。"

示　例 北周·庾信《哀江南赋》："大盗移国，金陵瓦解。"清·严复《辟韩篇》："秦以来之为君，正所谓大盗窃国者耳。国谁窃，转相窃之于民而已。"

动欲慕古

拼　音 dòng yù mù gǔ

解　释　动，举动，这里指政策举措。慕，仰慕，这里指效仿。凡政令举措都想仿照古人做法，不善因时代实际而加以变通。

出　处　东汉·班固《汉书·食货志上》“又动欲慕古，不度时宜，分裂州郡，改职作官，下令曰：‘汉氏减轻田租，三十而税一，常有更赋，罢癃咸出，而豪民侵陵，分田劫假，厥名三十，实十税五也。’”

示　例　北宋·司马光《资治通鉴》卷037【汉纪二九】“莽性躁扰，不能无为，每有所兴造，动欲慕古，不度时宜，制定又不定；吏缘为奸，天下謷謷，陷刑者众”

多见广识

拼　音　duō jiàn guǎng shí

解　释　见闻多，知识广。

出　处　《水浒传》第七十四回——燕青智扑擎天柱，李逵寿张乔坐衙：“话说这一篇诗，单道着燕青。他虽是三十六星之末，果然机巧心灵，多见广识，了身达命，都强似那三十五个。”

多言多语

拼　音　duō yán duō yǔ

解　释　形容说话太多，啰嗦唠叨。

出　处 《水浒传》第六十一回："卢俊义道：'你妇人家省得什么！宁可信其有，不可信其无。自古祸出师人口，必主吉凶。我既主意定了，你都不得多言多语。'"

点头会意

拼　音 diǎn tóu huì yì

解　释 会意：领会心意。点头表示了解。形容人机灵乖觉。

出　处 明·施耐庵《水浒传》第72回："柴进唤燕青，附耳低言：'你与我如此如此。'燕青是个点头会意的人，不必细问，火急下楼。"

示　例 清·刘鹗《老残游记》第三回："老残道：'你看，这线常常左右摆动，这就是两边泉力不均的道理了。'那士子到也点头会意。"

刀下留人

拼　音 dāo xià liú rén

解　释 为营救将被斩首的人而向主持或执行斩首的人发出的留人一命的紧急呼吁。

出　处 元·李文蔚《燕青捕鱼》："刀下留人！哥哥息怒。"

示　例 清·石玉昆《小五义》第十七回："内中有人嚷道：'刀下留人！'"

东闪西躲

拼 音 dōng shǎn xī duǒ

解 释 闪：侧身急避；躲：躲避。形容四处躲避。

出 处 明·施耐庵《水浒传》第61回——吴用智赚玉麒麟 张顺夜闹金沙渡：“卢俊义挺着朴刀，随后赶去，李逵在林木丛中东闪西躲。”

成语故事 宋江担任梁山泊主帅后，军师吴用给他推荐北京的卢俊义，他们用计诱使卢俊义上山。卢俊义到梁山泊追赶李逵，李逵东闪西躲，最后骗卢俊义到山上，卢坚决不落草。宋江等又用计谋放卢俊义下山，卢俊义回到北京就被官府捉拿。

E

鹅王吃乳

【拼音】é wáng chī rǔ

【解释】水乳同置一器，鹅王仅饮乳汁而留其水。比喻择其上乘精华。

【出处】唐·三圣慧然《临济录》："只如今有一个佛魔。同体不分。如水乳合。鹅王吃乳。如明眼道流。魔佛俱打。你若爱圣憎凡。生死海里浮沉。"后至清朝钱谦益改称"鹅王择乳"，语出《与素华禅师书》："《宗镜》删订，非鹅王择乳不能具此心眼。"

【附注】《临济录》是记载中国禅宗临济宗创始人临济义玄的简历和禅话的集录，义玄晚年驻锡大名县兴化寺，并圆寂于此。详细内容可参看"棒喝齐施""当头棒喝"等条目。

【示例】鹅王为择乳，鸡粒莫相争。（清·查慎行《鹤雏和院长作》）

搤臂啮指（也作"扼臂啮指"）

【拼音】è bì niè zhǐ

【解释】搤：同"扼"，用力掐着，执住。啮：咬。母扼手臂咬手指，儿子，在外有同样的感受，知道母亲在召唤。指至孝之人与父母心相感应（也作"扼臂啮指"）。

出　处 汉王·充《论衡·感虚》：“曾子出薪於野，有客至而欲去。曾母曰：‘原留，参方到。’即以右手搤其左臂。曾子左臂立痛，即驰至问母：‘臂何故痛？’母曰：‘今者客来欲去，吾搤臂以呼汝耳。’”《后汉书·周磐传》：“磐同郡蔡顺……尝出求薪，有客卒至，母望顺不还，乃噬其指。顺即心动，弃薪驰归，跪问其故。母曰：‘有急客来，吾噬指以悟汝耳。’”后以“搤臂啮指”指至孝之人与父母心相感应。

示　例 清·钱谦益《故福建宁府推官待赠吏科给事嘉善柯君墓志铭》：“人以是知搤臂啮指，古孝子非虚语也。”

二郎作相

拼　音 èr láng zuò xiāng

解　释 北宋王祐预见其二儿子王旦作丞相之职，后以此为子侄辈为相之典故。

出　处 宋代·邵伯温《邵氏闻见录·卷六》：“王晋公祐，事太祖为知制诰。太祖遣使魏州，以便宜付之，告之曰：‘使还，与卿王溥官职。’时溥为相也。盖魏州节度使符彦卿，太宗之妇翁夫人之父，有飞语闻于上。祐往别太宗于晋邸，太宗却左右，欲与之言。祐径趋出。祐至魏，得彦卿家僮二人挟势恣横，以便宜决配而已。及还朝，太祖问曰：‘汝能保符彦卿无异意乎？’祐曰：‘臣与符彦卿家各百口，愿以臣之家保符彦卿家。’又曰：‘五代之君，多因猜忌杀无辜，故享国不长。愿陛下以为戒。’帝怒其语，直贬护国军行军司马，华州安置，七年不召。太宗即位，谓辅臣曰：‘王祐文章之外，别有清节，朕所自知。’以兵部侍郎召，不及见而薨。初，祐赴贬时，亲宾送于都门外，谓祐曰：‘意公作王溥官职矣。’祐笑曰：‘某不做，儿子二郎必做。’二郎者，文正公旦也，祐素知其必贵，手植三槐于庭曰：‘吾子孙必有为三公者。’已而果然。天下谓之三槐王氏。”

附　注 宋太祖时王祐任知制诰。一次，太祖派他出使魏州（今河北大名）监视魏州节度使符彦卿，且给予他临机决断权，并许愿回来后任其为宰相。魏州节度使符彦卿是太祖的弟弟赵光义的岳父，当时有流言蜚语传到太祖耳朵里。王祐到魏州后将符彦卿的两个仗势欺人的家僮按法律处于发配之刑罚。还朝后，太祖问他："你能保符彦卿没有二心吗？"王祐说："臣与符彦卿家各百口，愿以臣之家保符彦卿家。"又说："五代之君，多因猜忌杀无辜，故享国不长。愿陛下以为戒。"太祖怒其语，将其贬为护国军行军司马，去了华州，七年不召。太宗即位，告诉辅臣说："王祐除文章好以外，人也很清廉高节，朕所自知。"太宗提拔他为兵部侍郎，没等到朝廷王祐就去世了。当初王祐赴贬时，亲亲宾客送他于都门外，对祐说："原以为您会作丞相呐？"祐笑着说："我不做，我二儿子必做。"王祐的二郎，就是后来的文正公王旦，王祐平素知道二儿子将来一定会显贵，他曾经手植三棵槐树于自家院中说："我的子孙必有为三公的。"后来王旦果然作了真宗的宰相。天下人称之为"三槐王氏"。

示　例 宋·刘克庄《水龙吟》词："小儿破贼，二郎作相，有何奇特。"

二心两意

拼　音 èr xīn liǎng yì

解　释 形容意志不专一、不坚定。

出　处 汉·王充《论衡·时》："夫地之神，用心等也。人民无状，加罪行罚，非有二心两意，前后相反也。"

二帝四王之乱

【拼　音】èr dì sì wáng zhī luàn

【解　释】藩镇之乱平息后，为分散成德镇的势力，唐德宗以张孝忠为易、定、沧三州节度使，王武俊为恒、冀都团练观察使，康日知为深、赵都团练观察使，以德、棣二州隶朱滔，令朱还范阳镇。朱滔、王武俊因封赏不合己意，怨恨朝廷，魏博节度使田悦乘机派人以燕、赵、魏相依相存之势游说朱滔、王武俊，于是形成三镇连兵反唐，推朱滔为盟主，又联络淄青镇李讷。朱滔称冀王、田悦称魏王、王武俊称赵王、李纳称齐王。淮西节度使李希烈接受朱滔等的劝进称帝，朱泚称大秦（后改为汉）帝。

【释　义】德宗即位后，一直试图削夺拥兵自重的地方藩镇节度使的权力。为此，他不惜使用武力。建中二年（781）正月，河北成德镇节度使李宝臣病死。按照以往藩镇节度使死后将职位和土地传给子孙的规矩，他的儿子李惟岳上表请求继承父位。德宗早想革除藩镇父子相传、不听命朝廷的弊端，坚决拒绝了这一要求。魏博节度使田悦、淄青节度使李正己、山南节度使梁崇义为了他们共同的利益和李惟岳密谋联手，准备以武力抗拒朝廷。德宗征调京西防秋兵万余人戍守关东，并亲自在长安设宴犒劳征讨兵马，打响了武力削藩的战役，并在最初阶段取得了巨大成果：淄青李正己病死后，他的儿子李纳被打得大败，李惟岳被其部将王武俊杀死，只有田悦在魏州负隅顽抗。成德镇的大将张忠和投降，德宗任命他为成德节度使。但是，德宗在削藩过程中，利用藩镇打藩镇，导致了参与朝廷削藩战役的幽州节度使朱滔等人的不满。结果，形势发生逆转。建中三年（782）底，卢龙节度使朱滔自称冀王、成德王武俊称赵王、淄青李纳称齐王、魏博田悦称魏王，“四镇”以朱滔为盟主，联合对抗朝廷。

同时，淮西节度使李希烈也自称天下都元帅、太尉、建兴王（不久称楚帝），与四镇勾结反叛。战火一下从河北蔓延到河南，而且东都告急。建中四年（783）十月，德宗准备调往淮西前线平叛的泾原兵马途经长安时，因为没有得到梦寐以求的赏赐，加上供应的饭菜又都是糙米和素菜，士兵发生了哗变，这就是历史上著名的“泾师之变”。德宗仓皇出逃到奉天（今陕西乾县），成为唐朝继玄宗、代宗以后又一位出京避乱的皇帝。泾原兵马拥立朱滔的兄长、曾担任泾原军统帅的朱泚，称大秦（后改为汉）帝，年号应天。朱泚进围奉天，前线李晟、朔方节度使李怀光等军从河北撤军勤王，德宗的削藩之战被迫终止。

兴元元年（784）正月，德宗痛下“罪己诏”，声明“朕实不君”，公开承担了导致天下大乱的责任，表示这都是自己“失其道”引起的。德宗在诏书中宣布，李希烈、田悦、王武俊、李纳等人叛乱是因为自己的失误，所谓“朕抚御乖方，致其疑惧”，故而赦免了这些叛乱的藩镇，表示今后“一切待之如初”。除了朱泚以外，甚至连朱滔也予以宽大，许其投诚效顺。从此，开始调整了对藩镇用兵的政策。王武俊、李纳、田悦见到大赦令，取消了王号，上表谢罪。二月，由于朔方节度使李怀光联络朱泚反叛，德宗又不得不再次逃往山南西道的梁州（今陕西汉中）避乱。一直到七月，德宗才因为李晟在五月打败朱泚收复京师而重返长安，结束了颠沛流亡的生活。

贞元元年（785）秋，马燧收复河中，李怀光兵败自杀，第二年四月，淮西将陈仙奇杀李希烈投降，德宗就任命陈仙奇为节度使。七月，淮西兵马使吴少诚杀陈仙奇，德宗又以吴为节度使留后。

显然，德宗在遭受削藩的挫折以后，特别是由于引发了“四王二帝”事件与“泾师之变”，他对藩镇由强硬的武力转为姑息。

耳闻是虚，眼观为实

拼　音　ěr wén shì xū，yǎn guān wéi shí

解　释　亲自听到的还不足为信，只有亲眼看到的才是真实可靠的。

出　处　清·名教中人《好逑传》第九回：“‘耳闻是虚，眼观为实’，叔叔此时，且不要过于取笑侄女，请再去一访，……那时再来取笑侄女，却也未迟。”

示　例　“耳闻是虚，眼观为实”在现代社会里也不十分准确。

耳目昭彰

拼　音　ěr mù zhāo zhāng

解　释　昭彰：十分明显，人所共见。众人已听到和看到，十分明显。形容被众人了解得清清楚楚，无法藏匿。

出　处　清·名教中人《好逑传》第十七回：“说刑部审问过，见耳目昭彰，料难隐瞒十分为过学士不安，只得会同礼臣复奏一本。”

F

饭坑酒囊

【拼 音】fàn kēng jiǔ náng

【解 释】比喻只会吃喝不会做事的人。

【出 处】汉·王充《论衡·别通》：“饱食快饮，虑深求卧，腹为饭坑，肠为酒囊。”

奋不顾生

【拼 音】fèn bù gù shēng

【解 释】奋：振作精神，鼓起干劲。指勇往直前，不顾个人安危。

【出 处】《旧唐书·田弘正传》：“常思奋不顾生，以身殉国。”

【附 注】田弘正，唐末魏博节度使，随先祖迁居魏州（今大名）。可参看【不知大体】。

奋发有为

【拼 音】fèn fā yǒu wéi

【解　释】奋发：精神振作。精神振作，有所作为。

【出　处】汉·王充《论衡·初禀篇》："勇气奋发，性自然也。"

【示　例】清·李宝嘉《官场现形记》第三十五回："能够如此奋发有为，将来甚么事不好做呢！"

辅牙相倚

【拼　音】fǔ yá xiāng yǐ

【解　释】颊骨与牙床相互倚傍。比喻关系密切，利害相关。

【出　处】《新唐书·藩镇传·李正己》："本名怀玉，至是赐今名，遂有淄、青、齐、海、登、莱、沂、密、德、棣十州，与田承嗣、薛嵩、李宝臣、梁崇义辅牙相倚。"

【附　注】田承嗣（705—779），唐朝魏博（驻所今大名县东）割据政权的建立者。平州卢龙（今属河北）人，出生于行伍世家。开元末年，田承嗣任安禄山卢龙军前锋兵马使，他治军严整，虑立战功。763年归降朝廷后，割据于魏、博、德、沧、瀛等州，建立起一个割据王国。辅牙相倚是说李正己藩镇割据势力与魏博田承嗣等割据势力相互依靠，共同对抗唐中央政府。

富贵骈臻

【拼　音】fù guì pián zhēn

【解　释】骈臻，并至，一并到来。富裕和显贵一齐到来。

出 处 清·青心才人《金云翘传》第五回 甘心受百忙里猛弃生死 舍不得一家人哭断肝肠：“那时节家门昌盛，富贵骈臻，男婚女嫁，果若不忘了女孩儿，差一苍头寻见女儿，同兄弟来看我一面，便是爹爹不忘女儿再生之恩，女孩儿感德无量矣。”

傅致其罪

拼 音 fù zhì qí zuì

解 释 傅：同“附”。傅致：1. 涂上。2. 附益而引致，罗织。指虚构罪名，陷害无辜。

出 处 东汉·班固《汉书·王莽传第六十九上》：“诸哀帝外戚及大臣居位素所不说者，莽皆傅致其罪，为请奏，令邯持与光。光素畏慎，不敢不上之，莽白太后，辄可其奏。”

示 例 《宋史·列传第八十九》：“奇情止尔，若傅致其罪，恐自是民无复敢货矾，则数百万之储，皆为土石。请姑没其羡，而释其人。”

福寿骈臻

拼 音 fú shòu pián zhēn

解 释 骈：两马并驾一车。臻：来到。福和寿一起来到。又作“福寿双全”。

出 处 清·青心才人《金云翘传》：“（父母含泪道）愿我儿夫

妇齐眉，子孙满堂，福寿骈臻。”

福履嘉臻

拼　音 fú lǚ jiā zhēn

解　释 履：禄。嘉：皆。福分与禄位都来到了。

出　处 清·青心才人著《金云翘传》：“兄弟、妹子，愿你功名显达，福履嘉臻；你为姐的不须说起了。”

凤叹虎视

拼　音 fèng tàn hǔ shì

解　释 形容谈吐文雅，器宇轩昂。

出　处 曹植《与吴季重书》：“足下鹰扬其体，凤叹虎视，谓萧曹不足俦，卫霍不足侔也。”李善注：“凤以喻文也，虎以喻武也。叹犹歌也。取美壮之意。”

附　注 吴季重即吴质，时任元城令（元城即今大名县）。

风尘表物

拼　音 fēng chén biǎo wù

【解　释】指超越世俗的杰出人物。

【出　处】《晋书·王戎传》："王衍神姿高彻，如瑶林琼树，自然是风尘表物。"亦作"风尘外物""风尘物表"。

【附　注】西晋王衍（著名清谈家、书法家），曾元城（今河北大名东）县令

【示　例】宋·马永易《实宾录》："晋王戎目王衍，自然是风尘物表。"

俯首听命

【拼　音】fǔ shǒu tīng mìng

【解　释】低下头来听从命令，表示人驯服顺从的样子。

【出　处】《旧五代史·杜重威传》："（杜）重威寻授邺都（今大名县）留守。会镇州军食不继，遣殿中监王钦祚就本州和市，重威私第有粟十余万斛，遂录之以闻。……一日，伏甲于内，召诸将会，告以降敌之意，诸将愕然。以上将既变，乃俯首听命，遂连署降表，令中门使高勋赍送敌帐，军士解甲，举声恸哭。"

【附　注】后晋开运三年（946）冬天，邺都（今大名县）留守杜重威和李守贞等人率领部队奉诏攻契丹，初战失利。契丹部队占领栾城，截断了杜重威的后路，军心惶恐不安，杜重威偷偷派人到敌军帅营，暗自表述投降的心意。契丹国主非常高兴，答应让他在中原称帝，杜重威昏庸愚昧，完全相信了契丹国主的话。一天，暗地里埋伏下甲士，召集诸位将领相聚，将投降敌人的主意告诉他们，众将们都感到惊愕，但因为上将既然已经叛变，他们也就俯首听命，于是当即写下投降书，派中门使高勋送往敌人帅营，士兵们卸下战甲放下武器投降，都同声痛哭。这一

天，在投降晋军的阵地上出现了大雾。契丹国主让杜重威穿上罪人囚徒所穿的赤色的衣袍到各部队示众，旋即任以守太傅的伪职，仍像以前一样担任邺都留守。

成语故事（后）晋少帝即位，与契丹断绝了友好关系，契丹国主连年攻打晋国，杜重威（后晋皇帝石敬瑭一之妹婿）仅仅闭城自守。辖区内的城邑一个接一个被攻陷，一境生灵遭受杀戮，杜重威身为一方大员，不曾派出一兵一卒营救他们。常有敌人骑兵几十人驱赶汉人千万人经过他的城下，如入无人之境，杜重威仅登上城上的矮墙眼睁睁地望着，毫无拦截抢救的意思。开运元年（944）秋天，加封为北面行营招讨使。二年，率领大军攻下泰州、满城、遂城。契丹国主从古北口调回军队，追击晋朝部队，杜重威等人被打得狼狈而回，到阳城，被契丹军队围困。恰逢遇上猛烈的大风，士兵们情绪激愤，符彦卿、张彦泽等带领士兵四面出击，敌军被打得四处逃散，各位将领要追击败敌，杜重威却说："遇上强敌而能保全性命就是万幸了，还能指望更大的福佑吗！"于是集合部队赶回常山。在这之前，杜重威在州内搜刮钱财，官吏百姓大受其害，人心都怨恨他，再加上境内衰败困乏，十户家庭就有九户空无一人，杜重威因而不想待在这里，接连向皇上进表请求调回朝廷，不等皇上答应就急忙上路回京，朝廷认为边境重镇，主帅擅自离开，如果有长奔突袭将会失去抵抗防守，但又不能把杜重威怎么样，只是立即让马全节（魏郡元城人，今大名县人）接替他，而将他任命为邺都留守。这时镇州军粮供应不上，派遣殿中监王钦祚到邺州协议购买，杜重威家里有十万多斛粟谷，王钦祚于是登录下来报告朝廷，朝廷用数万匹绢布给杜重威，以抵偿征用粟谷的价值。杜重威大为生气说："我又不是反叛逆贼，怎么能没收我的粮食呢！"

开运三年（946）冬天，晋少帝诏令杜重威和李守贞等人率领部队攻取瀛州、鄚州。军队来到瀛州城下，晋军骑兵将领梁汉璋上前与契丹人交战，梁汉璋战死阵前。杜重威立时下令撤回军队，驻扎武强，听说契丹国主南下，于是向西奔赴镇州，到中渡桥时，与契丹部队夹着滹水相对扎营。这时契丹渡河部队已到了栾城，截断了杜重威的后路，军心惶恐不安，杜重威偷偷派人到敌军帅营，暗自表述投降的心意。契丹国主非常高兴，答应让他在中原称帝，杜重威昏庸愚昧，完全相信了契丹国主的话。一天，暗地里埋伏下甲士，召集诸位将领相聚，将投降敌人的主意告诉他们，众将们都感到惊愕，但因为上将既然已经叛变，他们也就俯首听命，于是当即写下投降书，派中门使高勋送往敌人帅营，士兵们卸下战甲放下武器投降，都同声痛哭。这一天，在投降晋军的阵地上出现了大雾。契丹国主让杜重威穿上罪人囚徒所穿的赤色的衣袍到各部队示众，旋即任以守太傅的伪职，仍像以前一样担任邺都留守。

杜重威带降军随契丹国主到汴京，驻扎在陈桥，士兵们饥饿寒冷，苦不堪言。杜重威每当从大路上经过，都被市民们辱骂，只得低着头。契丹国主下令搜刮京城钱财，无论将相公私，全都配额缴纳，杜重威与李守贞各缴纳一万缗钱。于是求告契丹国主说："臣下率领十万汉军投降皇帝，仍不能免除缴纳钱财，我们内心有所不甘。"契丹国主笑着免除了他们的配额。接着有成群的盗寇截断了澶州的浮桥，契丹国主才派杜重威回归邺都。

后来，（后）汉高祖任命杜重威为宋州节度使，加封守太尉，杜重威害怕，关闭城门拒绝受命。高祖诏令高行周领兵攻讨，杜重威派他的儿子杜弘遂等人到镇州向麻答告急，请求派军救援，而且以杜弘遂作为人质，麻答派蕃将杨究奔赴救援。不久，镇州部队驱逐麻答，杨究只到洺州就返回了。十月，高祖御驾亲征，兵临邺都城下，派给事中陈观等人带着诏书进城，答应允许他投降，杜重威不接受诏令。几天后，高祖亲自率领各路军队进攻城墙堡垒，不能攻下，汉军战伤一万多人。高祖屯驻军队数十天，邺城中粮食吃完，磨碎麦粒做成饼以供应士兵，官吏平民翻越城墙而逃出来的有很多，都饿得没有了人色。这时，杜重威才派牙将到高祖行宫请求投降，又派节度使判官王敏捧上降表请罪，高祖赐给宽大他的诏书敦促他，答应像以前一样对待他。杜重威就派他的儿子杜弘遂、妻子石氏先出城迎候高祖，杜重威接着出城投降，穿着白衣等待处罚，高祖让他穿上原来衣帽，接见他，当日下令授予他检校太师、守太傅、兼中书令等官爵。邺城的士兵百姓，饿死倒毙的有十分之六七。

在这以前，契丹派幽州指挥使张琏，带领部下军士二十多人屯驻邺城，同时还有幽燕的军士一千五百人在京师。当高祖到京师时，有人报告将发生变乱，说燕军计划叛乱，因而将燕军全杀死在繁台下面，人们都说燕军死得冤枉。有逃脱跑到邺城的人，详细讲述这件事，所以张琏等人怕死，与杜重威等固守城池，毫无投降之意。高祖也后悔错杀燕军的过失，多次晓谕守城将帅，答应不杀害他们。张琏等人在城墙上高叫说："繁台的诛杀，燕军有什么罪？既然没有生的希望，就只有以死相拼。"张琏的士兵在围城之内，杜重威解衣给他们穿，送饭给他们吃，尽量姑息迁就他们。因而幽燕的兵士骄横凶悍，欺凌官吏平民，对于女子金钱布帛，公然强取豪夺。当杜重威请命投降时，张琏等人请朝廷信守誓言，高祖答应让张琏等人回到契丹国去。等他们出城投降后，又全部杀死张琏等几十位将领，什长以下的士官才放回幽州，在即将走出汉地边界时，这帮人抢劫一番而去。高祖派三司使王章、枢密副使郭威，登录杜重威部下将官名字，全部杀掉他们，没收他们的财产和杜重威的私财，分给自己的将士。

（后）汉高祖不久病重，对亲信臣子将佐说："要小心提防杜重威。"高祖驾崩，就拘禁了杜重威，连同杜重威的儿子一起诛杀。杜重威的妻子晋朝公主石氏以及其他亲戚族人，一切都像往常一样，仍然予以供养。"杜重威父子被诛杀后，尸体抛弃在大街上，市民们围观着谩骂，用脚踢用棍子打石头砸，军吏们不能阻止，尸首一片狼藉，一下子就碎烂而不见了。

G

纲常名教

拼　音　gāng cháng míng jiào

解　释　纲常：三纲五常；名教：以正名分为中主心的封建礼教。旧时为维护和加强封建制度而对人们思想行为设置的一整套规范。

出　处　明·明教中人《好逑传》第十七回："因思臣一身、一女之事小，而纲常名教之事大，故正色拒之，因触其怒，而疏请斩臣矣。"

示　例　冯玉祥《我的生活》第三十五章"吴佩孚张嘴闭嘴所抱守的纲常名教……不能拿到二十世纪的民主国里害人。"

纲纪废弛

拼　音　gāng jì fèi chí

解　释　社会的秩序和国家的法纪因不执行或不被重视而失去约束作用。

出　处　《汉书·王莽传上》："朝政崩坏，纲纪废弛，危亡之祸，不隧如发。"

示　例　明·无名氏《玉镜台记·石勒称王》："刘曜耽嗜曲蘖，纲纪废弛，虽据关中，济得甚事。"

更待何时

【拼　音】gèng dài hé shí

【解　释】更：再，复。指不必再等待，已到了该说该做的时候。

【出　处】宋·释普济《五灯会元·临济玄禅师法嗣·魏府兴化存奖禅师》："我将手向伊面前横两横，到这里却去不得，似这般瞎汉不打更待何时？"

【附　注】魏府兴化存奖禅师，乃临济宗第二世祖师。兴化存奖（830—888），蓟县（今属天津市）人，俗姓孔，出家后于851年在盘山（蓟县西北）受具足戒，后为义玄法嗣。875年，住魏府（即魏州，治所在今河北省大名县东北）兴化寺，发扬临济禅风。

国玺危皇后

【拼　音】guó xǐ wēi huáng hòu

【解　释】王莽代汉建立新朝，向汉元帝皇后王正君要汉传国玺。皇后无奈，只好交出。

【出　处】《汉书》卷九十八《元后列传》及莽即位，请玺，太后不肯授莽。莽使安阳侯舜谕指，舜素谨敕，太后雅爱信之。舜既见太后，太后知其为莽求玺，怒骂之曰："而属父子宗族，蒙汉家力，富贵累世，既无以报，受人孤寄，乘便利时夺取其国，不复顾恩义。人如此者，狗猪不食其馀，天下岂有而兄弟邪！且若自以金匮符命为新皇帝，变更正朔、服制，亦当自更作玺，传之万世，何用此亡国不祥玺为，而欲求之：我汉家老寡妇，旦暮且死，欲与此玺俱葬，终不可得！"太后因涕泣而言，旁侧长御以下皆垂涕。舜亦悲不能自止，良久，乃仰谓太后：“臣等已无可言者。莽必欲得传国玺，太后宁能终不与邪？”太后闻舜语切，恐莽欲胁之，乃出汉传国玺投之地，以授舜曰：“我老已死，如而兄弟今族灭也！”舜既得传国玺，奏之；莽大说，乃为太后置酒未央宫渐台，大纵众乐。

示　例 唐·韩偓《八月六日作四首》：御衣空惜侍中血，國玺几危皇后身。

孤男寡女

拼　音 gū nán guǎ nǚ

解　释 指单身男女。

出　处 清·名教中人《好逑传》第十七回：“孤男寡女，有无媒而共处一室，以乱婚姻于始。”

示　例 但总觉得半夜三更，孤男寡女在一起，是件‘～’的事。见高阳《胡雪岩全传·平步青云》

股肱腹心

拼　音 gǔ gōng fù xīn

解　释 股：大腿；肱：手臂从肘到腕的部分。指辅佐帝王的重臣。比喻得力助手与亲信。

出　处 清·名教中人《好逑传》第十四回：“倘国法、官体、狱情必应如此，则一下吏为之有余，何必老大人为股肱腹心耶？”

国而忘家

语见《宋史·宗泽传》：宗泽初任大名府馆陶尉，当时大臣吕惠卿率军驻鄜延，命令宗泽及其县令巡视黄河堤坝。命令刚至，正遇宗泽长子痛丧，宗泽不顾儿丧事，即奉令而行。吕惠卿得知后，感慨地说："宗泽真不愧是为国而忘家的忠臣！"

苟且偷生

拼　音 gǒu qiě tōu shēng

解　释 不求长远利益；只图眼前生存。苟且：得过且过；偷生：贪图生存。

出　处 宋·王令《与杜子长书》："（王）令贫无资，身术从礼，有责不敢易。受寒饿死，俱辱先人后，以故苟且偷生。"

附　注 王令（1032—1059）北宋诗人。初字钟美，后改字逢原。原籍元城（今大名）。5岁丧父母，随叔祖居广陵。后以教学为生，有治国安民之志。王安石对其文章和为人皆甚推重，时人称其为"天才诗人"。王安石进京途中，王令曾作《南山之田》诗求见。王安石看罢大喜过望，称王令"可以任世之重而有功于天下"，"足下之才，浩乎沛然，非某之所能及"。两人书信不断成为莫逆之交。王令25岁，王安石劝其妻舅吴佑，将其女儿嫁给王令。27岁那年王令因脚气病发作导致并发症，结束了凄苦而短暂的人生，有《广陵先生文章》《十七史蒙求》存世。

狗彘不食

【拼　音】gǒu zhì bù shí

【解　释】连狗猪都不吃他的肉。形容其人的品行极端恶劣。

【出　处】东汉·班固《汉书·元后传》：“受人孤寄，乘便利时，夺取其国，不复顾恩义。人如此者，狗猪不食其余。”

【示　例】吴玉章《从甲午战争前后到了辛亥革命前后的回忆》：“汪精卫、陈璧君则作了狗彘不食、遗臭万年的无耻汉奸。”

挂冠归去

【拼　音】guà guān guī qù

【解　释】冠：帽子，这里指官帽。把官帽取下挂起来。比喻辞官回家。

【出　处】南朝·宋·范晔《后汉书·逢萌传》：“时王莽杀其子宇，萌谓友人曰：‘三纲绝矣！不去，祸将及人。即解冠挂工都城门归，将家属浮海，客于辽东。”

【示　例】气得彭教谕拂衣而去，遂挂冠归去。（明·天然痴叟《石点头·侯官县烈女歼仇》）

挂肚牵心

【拼　音】guà dù qiān xīn

【解释】牵：牵挂。形容忧虑不安的心情。

【出处】元·王鼎《雁传书》套曲：“从今，再不去梦里搜寻，再不去愁中加病，再不去挂肚牵心。”

【附注】王鼎，字和卿，大名人，元散曲家，与关汉卿友好，作风滑稽佻达。其作品有（《拨不断·大鱼》）（《醉中天·咏大蝴蝶》）等等，收入元朝杨朝英编《阳春白雪》。

冠盖往来

【拼音】guān gài wǎng lái。

【解释】冠：礼帽；盖：车蓬；冠盖：借指官吏。指官吏们经常来往。

【出处】清·名教中人《好逑传》第14回：“长安城中，乃冠盖往来之地。”

【示例】清·吴趼人《二十年目睹之怪现状》第三十二回：“那水鸥小榭，就终年都是冠盖往来，日积月累的，就闹得亏空起来。”

鬼神莫测

【拼音】guǐ shén mò cè

【解释】鬼神也揣测不到。形容非常神奇奥妙，谁也摸不清底细。

【出处】元·无名氏《马陵道》第四折：“真个军师妙算，鬼神莫测。”

挂冠而去

【拼 音】guà guān ér qù

【解 释】冠：官帽。指辞去官职。

【出 处】南朝·宋·范晔《后汉书·逢萌传》："时王莽杀其子宇，萌谓友人曰：'三纲绝矣！不去，祸将及人。'即解冠挂东都城门，归，将家属浮海，客于辽东。"

【附 注】西汉末年，王莽的儿子王宇担心王莽树敌太多而进行血谏，被王莽大义灭亲而杀掉。逢萌看出了王莽的用意，认为不值得忠于这样的君王，于是摘下头上的乌纱帽挂在都城东门外，悄悄地离开京城，携家逃到辽东。

耕者让畔，行者让路

【拼 音】gēng zhě ràng pàn，xíng zhě ràng lù

【解 释】畔：田界。种田的人把田界让给对方，走路的人让开路让别人先走。形容礼让成为社会风气。

【出 处】汉·王充《论衡·是应篇》："男女异路，市无二价，耕者让畔，行者让路。"

高枕安卧

【拼 音】gāo zhěn ān wò

解　释 垫高枕头安心地睡觉。形容无忧无虑。平安无事。

出　处 汉·王充《论衡·顺鼓》："止久至于太旱，试使人君高枕安卧，旱犹自雨。"

高瞻远瞩

拼　音 gāo zhān yuǎn zhǔ

解　释 瞻：视，望；瞩：注视。站得高，看得远，比喻眼光远大。

出　处 汉·王充《论衡·别通篇》："夫闭户塞意，不高瞻览者，死人之徒也哉。"

顾影自怜

拼　音 gù yǐng zì lián

解　释 望着自己的影子，自己怜惜自己。形容孤独失意的样子。也指自我欣赏。顾：看。怜：怜惜。

出　处 晋·束皙《贫家赋》："行乞贷而无处，退顾影以自怜。"

附　注 束皙（263—302），西晋学者、文学家。字广微，阳平郡元城（今大名县束馆镇）县人。详见"采兰"条。

示　例 科亦顾影自怜，矜其容色，高其声价，不屑一切。（清·张潮《虞初新志·板桥杂记》）

膏明自销

【拼　音】gāo míng zì xiāo

【解　释】指感慨仁人才士身世不幸（亦作“膏明自煎”“膏自炙”“兰膏叹”“天年竟夭”“龚胜亡”）。

【出　处】《汉书·龚胜传》：“莽复遣使者奉玺书，太子师友祭酒印绶，安车驷马迎胜。……胜辄推不受……即谓晖等：‘吾受汉家厚恩，亡以报，今年老矣，旦暮入地，谊岂以一身事二姓，下见故主哉？’……语毕，遂不复开口饮食，积十四日死，死时七十九矣……门人衰绖治丧者百数。有老父来吊，哭甚哀，既而曰：‘嗟乎！薰以香自烧，膏以明自销，龚生竟夭天年，非吾徒也。’遂趋而出，莫知其谁。”

王莽派使者带着玺书、印绶及车马去迎接龚胜到朝廷做官。龚胜知道推辞是没有用的，就对门生高晖等说：“我深受汉室恩惠，无以报答，现已年迈，旦夕将死，怎能一身侍奉两朝，地下怎么去见汉先帝呢。”说完，不再开口吃饭，十四天后去世。治丧时，一老翁吊祭说：“香草因为有香而被烧，脂膏因为可以点燃照明而被焚，龚生这样清高正直，不像我们这些人。”悲叹身世不幸。

【示　例】唐·杜甫《遣兴》之三：“漆有用而割，膏以明自煎。”清·吴伟业《贺新郎·病中有感》：“万事催华发，论龚生，天年竟夭，高名难没。”

歌呼满道

【拼　音】gē hū mǎn dào

解　释　满路歌唱欢呼，互相庆祝。

出　处　《北史·魏德深传》：“郡不能决。会持节使者韦霁、杜整等至，两县诣使讼之，乃断从贵乡（今大名县）。贵乡吏人，歌呼满道，互相称庆。”

典例故事　魏德深，巨鹿人。祖父魏冲，在北周担任刑部大夫和建州刺史。父亲魏毗，担任郁林县令。

德深最初担任隋文帝的挽郎，后来历任冯翊书佐、武阳郡（治所今大名）司户书佐等职，因为有才能，调任贵乡长。他处理政务清廉干练，措施并不严厉，但能使社会安定。适逢辽东战役，官军征税名目繁多，征税的使者来来往往，指令各郡县长官负责征税。当时朝廷法度松弛混乱，官吏多半贪赃受贿，他们横征暴敛，所到之处，百姓都承受不了他们的命令。只有唯魏德深的这一个县，百姓能互通有无，没有耗尽财力，所需求的东西都能供给，百姓的生产生活没有受到干扰，堪称非常安定。

当时盗贼群起，武阳等城多半被沦陷，只有贵乡独自保全。郡丞元宝藏收到朝廷诏令诏抓捕盗贼，但他与盗贼作战，每当失利，就连器械也必定全部丢失，于是从百姓那里征讨，动不动就以军法论处，这样的情形有好几次。邻近的县城修造这些器械时，都是聚集在办公厅里，官吏们交替监督责令，无论白天黑夜都喧闹不堪，但还是做不成。而魏德深只是分别询问大家各自想承担哪方面的任务，让大家看怎么方便就怎么修造，官府里很安静，总像没事一样。魏德深只管着负责营造的官吏，让他所修造的器械不得超过其他县，不得让百姓辛劳吃苦。然而因为他的部下各自尽心尽力，所修造的器械又常常是各县中最多的。

不久魏德深调任馆陶县长，贵乡县的官吏和百姓听说之后，在一起谈及此事，都叹息流泪，语不成声。等到将要赴任时，全城的人都来送他，人们号泣的声音，在整条道路连成一片。他到了馆陶，馆陶全境的百姓，不论老幼，都像是见了父母一样。有个奸猾的家伙，即员外郎赵君实，他跟郡丞元宝藏互相勾结，前前后后的多任县令，没有哪个不受他指挥的。

但自从德深来到馆陶县，君实只能躲在家里，从未敢随便出门。那些逃亡他乡的人们，都回来了，人多得像集市里一样。贵乡县的父老乡亲不畏路途艰险，到朝廷去请求让德深留任本县，朝廷有诏书答应了他们的请求。而馆陶县的父老又来到郡里提出诉讼，认为贵乡县的文书是假的。郡里无法作出裁决。适逢持节使者韦霁、杜整等到来，两县的人们都来到使者这里提出诉讼，于是使者就作出判决，顺从了贵乡县的民意。贵乡县的官吏百姓满路歌唱欢呼，互相庆祝。馆陶全县的人们则全都悲伤痛哭，趁此搬到贵乡居住的就有数百家。

古今一揆

【拼　音】gǔ jīn yī kuí

【解　释】揆：尺度，准则。指某事物从古到今没有改变，情况相同。

【出　处】三国·魏·吴质《在元城与魏太子笺》：“古今一揆，先后不贸（改变）。”

【示　例】南朝刘宋·范晔《后汉书·刘陶》：“古今一揆，成败同势。原陛下远览强秦之倾，近察哀、平之变，得失昭然，祸福可见。”

干言湿语

【拼　音】gān yán shī yǔ

【解　释】好听的话和难听的话

出　处 明·张四维《双烈记·计遣》："大夫四海为家，那里不去了，怎肯受你家眉高眼低，干言湿语。"

附　注 张四维，字治卿，明杂剧作家，元城（今大名县）人。留世作品有《双烈记》《章台柳》等。

《双烈记》是明代戏曲家张四维所作。故事写的是南宋韩世忠与梁红玉之事。韩世忠人才俊伟，武艺超群，投奔杭州兵马大元帅王渊帐下。梁红玉才貌双杰，占籍教坊。新正元旦，梁在官衙府前见到韩世忠，一见倾心，愿付终身。但鸨母嫌韩穷困，韩决心建立功名。适逢出征方腊，韩活捉方腊，皇上升他为浙江宣抚使，封梁为诰命夫人。此时转中苗、刘作乱，杀害王渊，意在篡位。韩生擒苗、刘，平定叛乱。金兀术引兵南下，韩在金山龙王庙大败之。第二天，韩、梁二人督军，大败金兀术于黄天荡。由于韩轻敌，使金兀术逃走，梁弹劾丈夫，皇上赦免。秦桧主和，削夺韩兵权，陷害岳飞，韩上表辞官，隐居西湖。

示　例 九如村人著《杜若的爱情季节·第四十二章·幻听》：我们把行李打叠停当，把家用的东西都归拢一堆，当我们的车队来到武昌四路不见他的踪影，当我们的车队开进东湖鬼影都不见他一个。一行人都干言湿语地气恼不过，我更是眉高眼低地气得不行！而他当时就在屋里。楼底下停有他的车，房间里还亮有灯光。

干屎橛

拼　音 gān shǐ júe

解　释 禅宗用语，原指指干燥成條形的粪便。或指擦净人粪之橛（即厕筹），后佛家比喻至秽至贱之物。临济宗为打破凡夫之执情，并使其开悟，对审问"佛者是何物"者，每答以"干屎橛"。盖屎橛原系不净之物，非不净则不用之，临济宗特提此最接近吾人之物，以教斥其专远求佛而反不知清净一己心田秽污之情形，并用以打破学人之执著。

出 处 《景德传灯录·临济义玄禅师》载：僧人问临济义玄："如果是无位真人？"玄便打，道："无位真人是什么干屎橛？"

禅宗认为"言语道断，心思路绝"，真正的佛法是"不可说"的。"不可以身相得见如来"，只能靠自己去修、去证。否则，以为什么什么就是"法"，就着"相"了，是心外求法、身外求法，属于南辕北辙。所以，禅师教育弟子，亦只是随机点化，不可能有法"传给他。这就像世间的教学一样，"传道、授业"，老师的任务是把学习方法给学生们讲明白，真正学到知识，有所成就，还是靠自己去求证，也就是人们常说的"师傅领进门，修行靠个人"。如果自身不努力，老师再高明也没用。然而现实中，偏偏有那么一班人，把希望全放在老师身上，以为老师有"法"，天天缠着问个没完。所以，大禅师们只好随机应变，用种种五花八门的说教，帮助弟子们打消不正确的想法和念头。因此，便留下许多为后人津津乐道的禅门公案（典故）。其中，最让人觉得匪夷所思的一个，就是"佛是干屎橛"。

附 注 临济义玄参看"当头棒喝"条目。

示 例 《朱子语类》卷七："今之禅家多是'麻三斤''干屎橛'之说，谓不落窠臼，不堕理路。"

高山峻岭

拼 音 gāo shān jùn lǐng

解 释 峻：山高而陡。又高又险的山岭。

【出　处】明・施耐庵《水浒传》第八十六回："众人打一看时，四面尽是高山，左右是悬崖峭壁，只见高山峻岭，无路可登。"

【示　例】三峡之中，唯巫峡最长。两岸都是高山峻岭，古木阴森，映蔽江面，止露得中间一线的青天。明・冯梦龙《醒世恒言》第二十五卷

更待干罢

【拼　音】gēng dài gàn bà

【解　释】亦作"更待乾罢"。意谓怎肯干休。

【出　处】元・李文蔚《燕青博鱼》楔子："你误了十日假限，更待干罢！"

【示　例】元・关汉卿《金线池》第三折："他真个不欢喜我了，更待干罢"元　石德玉《秋胡戏妻》第二折："他倒吃他抢白了这一场，又吃这一跌，我更待乾罢！"

H

虎口残生

【拼　音】hǔ kǒu cán shēng

【解　释】老虎嘴里幸存下来的生命。比喻经历极大的危险，侥幸得生。

【出　处】清·名教中人《好逑传》第六回：“烦你们拜上小姐，说我铁中玉虎口残生，多蒙垂救，高谊已足千古。”

何足为奇

【拼　音】hé zú wéi qí

【解　释】有什么值得奇怪的呢？表示不值得奇怪。

【出　处】元·无名氏《马陵道》第一折：“孙先生，恰才你摆的阵势，都是可破的，何足为奇。”

花朝月夕

【拼　音】huā zhāo yuè xī

【解　释】有鲜花的早晨，有明月的夜晚。指美好的时光和景物。旧时也特指农历二月十五和八月十五。

【出 处】《旧唐书·罗绍威传》："每花朝月夕，与宾佐赋咏，甚有情致。"

【附 注】罗绍威（910—942），字端已，魏州贵乡（今河北大名）人。详见"拔毛寒鸟"条。

【示 例】清·曹雪芹《红楼梦》第一〇二回："到了花朝月夕，依旧相约玩耍。"

河山带砺

【拼 音】hé shān dài lì

【解 释】河：黄河。山：泰山。带：衣带。黄河细得像条衣带，泰山小得像块磨刀石。比喻时间久远，任何动荡也决不变心。

也作"砺山带河"，指：黄河如衣带，泰山像磨刀石。这是永远不可能发生的事情。旧时表示所封爵位传之久远。含有江山永固之义。

【出 处】唐·陆贽《唐德宗皇帝赐李纳、田悦、王武俊铁券文》："功载鼎彝，名藏王府，子孙代代，为国勋臣，河山带砺，传祚无绝。"

【附 注】田悦（751－784），平州卢龙人，唐朝中期军阀，田承嗣之侄。田悦原为魏博（驻魏州，今大名县东）中军兵马使，骁勇善战，田承嗣死后继任节度使。建中二年（781），田悦与成德李惟岳、淄青李纳联合反叛发动"二帝四王之乱"，不久便兵败困守魏州，后又得到朱滔、王武俊的援助，势力得以恢复。建中三年（782）田悦称魏王，自称寡人，以魏州为大名府，并设置司武等官职，大封百官。唐德宗派兵镇压，引起战祸连年不息，士卒死伤惨重。田悦最终削除王号，归顺朝廷。兴元元年（784），朝廷封田悦为检校尚书右仆射、济阳郡王，堂弟田绪趁机发动兵变，将田悦杀害，时年三十四岁。

皇后投火

拼　音 huáng hòu tóu huǒ

解　释 王莽女以身殉汉之事。

出　处 《汉书·外戚传》：汉平帝即位，年方九岁，王莽秉政将女纳入宫中，立为皇后。平帝死后，尊平帝皇后（其女）为皇太后。后莽作真皇帝，孺子婴改作定安公，将皇太后改号定安公太后。时太后十八岁，为人婉静而有节操，自刘家帝业废止，经常称病，不肯出头露面。王莽对她既敬重畏惧又感到哀伤，欲将也再嫁，便改其称号为黄皇室主（黄皇，王莽自称；室主，即公主），让立国将军成新公孙建之子盛装携同医生前往探病。莽女大怒，用鞭子抽打身边侍从，因而卧病不起。王莽不再强逼。待到汉家兴兵杀掉王莽，焚烧未央宫，莽女说："有何面目来见汉家！"自投火而死。

河朔三镇

拼　音 hé shuò sān zhèn

解　释 指魏博节度使、范阳节度使、成德节度使等三个节度使的合称，唐朝末年藩镇割据时位于河朔地区的三个藩镇势力，即范阳、成德、魏博（后改称天雄，渤海湾至黄河以北，今河北省南部、山东省北部。驻魏州，今大名县东）。又称"河北三镇"。

唐代的河北已经高度开发，“河北贡篚征税，半乎九州”，“河北气俗浑厚，果于战耕”，“冀州产健马，下者日驰二百里，所以兵常当天下”。

安史之乱后，唐朝为了笼络河北降将，先后任命张忠志为成德军节度使，赐姓名李宝臣，统恒、赵、深、定、易、冀州，驻恒州；田承嗣为魏（今河北大名）、博、德、沧、瀛节度使；李怀仙为幽州卢龙节度使，统幽、营、平、蓟、妫、檀、莫七州，驻幽州。这些原属安史的将领名义上归顺朝廷，实际上并不服从中央，自己署置将吏官员，各握强兵数万，租赋不上缴，形成地方割据势力。朝廷无力过问，只能采取姑息政策。三镇节度使的继任不由朝廷委派，而是自传子侄，或由部下悍将夺位。三镇由于骄兵悍将的杀帅夺印，节度使各自换了几个家族，但基本上不服从中央，朝廷一般不去触动他们。到五代的后梁、后唐时，才解决了这些地区的割据问题。宋人尹源评说：“弱唐者，诸侯也；既弱而久不亡者，诸侯维之也。唐之弱，以河北之强也；唐之亡，以河北之弱也。”

陈寅恪《唐代政治史述论稿》：安史乱后，“虽号称一朝，实成为二国”，“除拥护李氏皇室之区域，即以东南财富及汉化文化维持长安为中心之集团外，尚别有一河北藩镇独立之团体，其政治、军事、财政等与长安中央政府实际上固无隶属之关系，其民间社会亦未深受汉族文化之影响，即不以长安、洛阳之周孔名教及科举仕进为其安身立命之归宿。故论唐代河北藩镇问题必于民族及文化二端注意，方能得其真相所在也”。

出　处　“河朔三镇”见于《旧唐书》列传第六十九、九十二、一百一十一，《新唐书》列传第六十七、七十三、志第四十等；“河北三镇”见于《旧唐书》本纪第二十上、列传第一百一十三，《新唐书》列传第一百四十三等。

恨小非君子，无毒不丈夫

【拼　音】hèn xiǎo fēi jūn zǐ，wú dú bù zhàng fū

【解　释】君子：有才德的人；丈夫：有志气、有作为的男子。对仇敌要痛恨，打击要坚决彻底。指坏人心狠手辣。

【出　处】元·无名氏·杂剧《庞涓夜走马陵道》第二折·楔子：“（庞涓云）恨小非君子，无毒不丈夫。某庞涓想来，那孙膑无礼。是咱旧交朋友，我便有些差池，你就担待不得？把俺阵前，花白许多说话。怎生出的我这口气。”

【示　例】清·钱彩《说岳全传》第五十一回：“提了双锏，怒冲冲的杀那王佐。正合着常言道：‘恨小非君子，无毒不丈夫。’”

画一之法

【拼　音】huà yī zhī fǎ

【解　释】画一：1. 一致；一律。2. 逐一；一一条列。法，法令、政策。指全体遵行、无一例外的法令政策。

【出　处】《后汉书·王充王符等传论》：“太叔致猛政之褒，国子流遗爱之娣，宣孟改冬日之和，平阳循画一之法。”

【示　例】唐·杜牧《为中书门下请追尊号表》：“苟且之令行，画一之法废，月增日长，雄唱雌和。”

虎珀拾芥

【拼　音】hǔ pò shí jiè

【解　释】琥珀摩擦后生电，能吸引细小的东西。比喻互相感应。

【出　处】汉·王充《论衡·乱龙》："顿牟掇芥，磁石引针。"

害群之马

【拼　音】hài qún zhī mǎ

【解　释】危害马群的坏马。比喻危害集体的人。

【出　处】宋·刘安世《尽言集·应诏言集》："恣其毁誉；如害群之马；岂宜轻议哉！"

【示　例】赶走害群之马的走狗！（杨沫《青春之歌》第二部第三十八章）

海水群飞

【拼　音】hǎi shuǐ qún fēi

【解　释】海水，喻万民。群飞，言乱。比喻国家不安宁。

【出　处】汉·扬雄《剧秦美新》："海水群飞，终不可语也。"

【附　注】《剧秦美新》乃扬雄歌颂王莽代汉建立"新"朝的文章。详见"剧秦美新"条目。

【示 例】钱锺书《谈艺录·序》："始属稿湘西，甫就其半。养疴返沪，行箧以随。人事丛脞，未遑附益。既而海水群飞，淞滨鱼烂。予侍亲率眷，兵罅偷生。"

寒花晚节

【拼 音】hán huā wǎn jié

【解 释】寒花：耐寒的花和冬天里开的花。晚节：晚年的节操。比喻人的晚节仍高洁不污。亦作"黄花晚节""晚节黄花"。

【出 处】北宋·韩琦《重阳》诗："不羞老圃秋容淡，且看寒花晚节香。"

北宋·强至《韩忠献公遗事》："公在北门，重阳燕诸漕于后园，有一诗一联云：'不羞老圃秋容淡，且看寒花晚节香。'公居常谓保初节易，保晚节难，事事尤著力，所立特完。"

【附 注】"公在北门"指"北门锁钥"，宋时指北京大名府。

韩琦（1008—1075）字稚圭，相州安阳（今属河南）人。宋仁宗时进士。至和二年（1055）任宰相，执政三朝。

神宗熙宁元年（1068）宋神宗手诏韩琦徙判重灾区大名府，充安抚使。宋熙宁二年（1069）因韩琦在魏都（指大名府）久，辽使者每过临清界即告诫其下："此韩侍中境内，甚勿乱索。"过魏都，移牒必书名。韩琦治魏五年，魏人于熙宁禅院立生祠，塑像，每岁祭祀，以比狄梁公。司马光作有《宋韩魏公祠记》。

韩琦在大名府城南筑望春亭，在大名府治后院建晚香堂，宴饮诸监司，有"不羞老圃秋容淡，且看寒花晚节香"句，因以冠名。在压沙寺种梨树千株，春花盛开，任人游玩，取唐人"梨花白雪香"之句，建雪香亭。十月，大名府为河北要地，每年十七县常赋入左藏库，海输山委，而旁临官吏府舍，火势蔓延，容易殆尽。韩琦报请朝廷，在大名府城内四野无人处新建库房以利民生。

熙宁三年（1070）二月初，韩琦言青苗法扰民，请罢。韩琦自请解除河北四路安抚使之职，只担任大名府路（北京路）安抚使。宋治黄河东流堤防。时方浚御河，韩琦以御河漕运通驶，不至有害，不应减黄河之役。于是减三万三千夫卒，专治东流，以纾大名、恩、德等地水患。四月，河成，赐役兵缗钱有差。时御河岁漕一百万斛。

熙宁四年（1071）二月二十二日，韩琦改永兴军节度使，再判大名府。韩琦辞永兴军节度使不拜。八月，韩琦上言，因黄河泛溢，全魏（大名府别称）居冲，乞重责。

熙宁六年（1073）二月，韩琦自大名府改判相州。韩琦在大名府任上殚精竭虑，多法赈济安抚，流亡之民渐次还乡。当时黄河决口，大名府被淹，他殚精竭虑，赈济安抚，使流亡的灾民回乡重建家园。

熙宁八年（1075）六月，在相州溘然长逝，享年68岁。宋神宗为他“素服哭苑中”御撰墓碑：“两朝顾命定策元勋”。谥忠献，赠尚书令，配享宋英宗庙庭，备极哀荣。

有《安阳集》五十卷。《全宋词》录其词四首。

韩琦一生历经北宋仁宗、英宗和神宗三朝，亲身经历和参加了许多重大历史事件，如抵御西夏、庆历新政等。在仕途上，韩琦曾有为相十载、辅佐三朝的辉煌时期，也有被贬在外前后长达十几年的地方任职生涯。但无论在朝中贵为宰相，还是任职在外，韩琦始终替朝廷着想，忠心报国，为北宋的繁荣发展做出了贡献。在朝中，他运筹帷幄，使“朝迁清明，天下乐业”；在地方，他忠于职守，勤政爱民，是封建社会的官僚楷模。

蒋林魁供图

北宋北京路

治所大名府
公元1042年
至1127年

一、赈灾安民 恪尽职守

受命于危难的韩琦到大名后，首先面临亟待解决的问题是安置灾民和恢复生产。时灾民都背井离乡，带着衣物用具渡过黄河流亡到唐（今河南唐县）、邓、许（今河南许昌）、汝（今河南临汝）诸地一带。他动员灾民返乡生产，便派出大批人员到各地交通要道、桥梁、渡口张贴告示，晓谕灾民凡返乡者，由官府发给路费口粮；原来一些有钱的人家乘灾害发生，肆意低价收购灾民土地的，一律命令无条件归还原主，等丰收之后，再归还买地的钱。韩琦采取了一系列救灾安民的措施：开仓分粮，帮助灾民恢复发展生产，重建家园，使灾民们逐步渡过难关，不久，就把大名治理得民心归附，有条不紊，河北灾区遂得以安定下来。

大名府强壮人丁原统计在册的有13100余人，而现在直接管辖的仅5700余人，朝廷有意将不足之额补充起来，将此事告诉给了韩琦。他考虑再三认为不妥，遂上奏说："河北的强壮人丁，自庆历三年组织训练民兵时，身短体弱的人、不够条件的人和退役下来的强壮人都组织起来于帐内专项管理，至今已近30年，各州县退下来的人数已不再补充，如今这里长久遭受灾害，更不是添补强壮之时，愿陛下停止此事，以安民心。"朝廷欣然同意了韩琦的上奏，百姓莫不感恩戴德。

二、勤政廉洁 爱民如子

韩琦在大名任上勤勤恳恳，费尽心血，千方百计为人民谋福祉。一次，他的下属官孔嗣宗被司农司调进京城参与制定役法，孔嗣宗向韩琦告别的时候问道有何嘱托。开始韩琦没说什么，孔嗣宗再三请求，韩琦说："故旧临别应当说句话，你此行到京但为河北说些众人不敢说的话就可以了！"

韩琦处理问题既严肃认真，又照顾全面、合情合理。一次他遇到这样一个案子，一个下属请假娶妻，不久有人告他参与不法活动并弄虚作假，押送狱中勘问审讯，将要结案时，韩琦命令先封存此案，等以后再说。过了半年后，又下令提取此案审讯发落，手下两名助手对韩琦说："此人自封案后，十分谨慎用心，再也不敢做违法的事情，结案时可考虑到这一点予以从宽处置，不知大人意下如何？"韩琦问其下属说："二位知道我当初封案的意思吗？"答："并不知道。"韩琦才说："此人是因为请假娶妻，继而遭到诉讼的。当时如果结案，必然会伤害三家人的情感，这个人与他的父母一定会归咎于他的妻子，而其妻的父母也会不高兴，所以当时封起案卷，现已过去半年，与请假娶妻也没什么关系了，可依法酌情论处。"

还有一次，一个下属官员外出到外地巡视，他的女儿却乘机与人逾墙私通，属官的妻子将二人送到官府发落。韩琦亲自审理此案，让其二人成婚，以掩盖之前私通的过失，并以5000钱资助作为嫁妆，此二人皆大欢喜，双方的父母莫不感激涕零，同声感谢。

三、德量恢宏 大度容人

韩琦稳重宽厚有器量，什么都可以容忍，还在读书时，他的名望就已传遍天下，欧阳修曾说："百欧修不如一韩公。"未满三十岁，人皆称"韩公"。在驻守大名府时，有人献给他两只非常宝贵的玉杯，说是由农人从坟墓中得到的，那玉盏的内外，找不出丝毫瑕疵，真是绝世之宝，为此他答谢献宝者一百两金子，也就格外珍爱这两只玉盏。每逢宴会招待客人，都特别命人摆一张桌子，上铺锦缎，把玉杯放在上面。一天，韩琦招待管理漕运的官吏，准备用这两只玉杯装酒招待客人。突然一位侍吏不小心撞倒了桌子，两只玉杯都摔碎了。客人们非常吃惊，那位侍吏立即伏在地上等候惩罚。韩琦脸色未变，不动神色地笑着对客人们说："任何物质的存亡都是有规律的。"并对那位侍吏说："你是因为不小心才打破玉盏，又不是故意的，这有什么罪呢？"客人们都对韩琦宽厚的德行和度量佩服不已。

有一天夜里，一名小偷潜入韩琦卧室，拿着利刃说："小人生活困难，不能自救，特来求助于你。"韩琦说："屋里值钱的东西你都拿去吧！”小偷却说：“我并非为此而来，我想割下你的人头去献给西夏。”韩琦听了，马上把头伸过来，让他割取，面无惧色。小偷见状，忙跪下叩头说：“小人听说您很有德量行胆，果然是名不虚传。”这件事韩琦从没有向人们说起过，后来这个小偷因其他事被判处死罪，在临刑前才说了这件事。

还有一次，韩琦夜晚写信，让一名侍兵手执蜡烛照明，这名侍兵三心二意，注意力不集中，人在韩琦身边，心里却想其他事情，眼睛看着其他东西，一不小心，手中的蜡烛凑到了韩琦的脸前，燃着了胡须。韩琦丝毫没有怪罪，用衣袖拂了一下胡须，继续写信。等到信写完了，韩琦回头一看，发现执烛之人已被调换。他担心那个侍兵会因此而受到长官的打骂，急忙说：“不要把他换掉，他持烛很用心！”韩琦的仁爱让部下十分感动。

韩琦甚得民心，受到所任地方父老乡亲的尊敬与热爱。在相州、大名任职时官至侍中，父老则说：“（称韩琦）自家侍中。”遇有人争气斗殴时，就会有人劝解说：“不要再给自家侍中找麻烦了。”争气斗殴的人也就自行停止了。

四、犯颜直谏 为民请命

熙宁二年（1069）二月，王安石开始进行变法，次年，韩琦上疏表示反对。作为庆历新政时期的改革家，为什么会反对变法呢？这主要是因为两者的指导思想有着根本的不同。庆历新政的主要内容是整顿吏治、裁汰冗员、改革科举、发展经济、减轻剥削、巩固边防等富民强国、解决社会危机的根本问题上，进而再解决其它问题，达到表本兼治。而王安石变法主要包括理财、整军、科举三个方面。其中理财方面主要有均输法、青苗法、农田水利法、免役法、市易法等。

韩琦并不是对新法一概反对，主要是他在大名期间，经常听各级官吏谈论新法的不利之处，因这里是青苗法改良条例试行的地点，面对青苗法在推行过程中暴露出来的种种弊端，他感到很不妥，认为青苗法不论贫富，一律按户等配借青苗钱，上三等户及坊郭大户本是兼并之家，也可贷给青苗钱，这种做法看似“富国”，实则是将手伸向本已囊中羞涩的一般工农商，通过增加农民的负担来实现，而不是从腰缠万贯的官僚、地主、豪强手中取得。根本不能“抑兼并、济困乏”。韩琦思想中一个突出亮点就是民本思想，注意为民谋利。

韩琦认为如果瞻前顾后、沉默不言则有愧于皇上的厚望，遂不顾个人安危，两次慨然上疏陈述新法的弊端。神宗看了韩琦的奏疏，动摇了变法决心，对执政大臣说：“韩琦不愧是忠心耿耿的三朝元老！虽任职在外，仍不忘关心国家大事。朕开始以为新法可以利民，谁知害民如此！”

韩琦的观点得到了富弼、司马光、范仲淹、欧阳修、吕夷简等老臣的一致拥护，都对新法进行反驳，可见，当时主要是如何革新之争，而不是革新与保守之争。

示　例 元·张伯淳《次韵完颜经历》：“从教苍狗浮云过，留得黄花晚节香。”明·王世贞《鸣凤记·林遇夏舟》：“须信苦尽甘来，晚节黄花无疑。”

毁誉不一

拼　音 huǐ yù bù yī

解　释 毁誉：诋毁和称赞；不一：不一样，不一致。有人说好，有人说坏，说法不一。

出　处 清·名教中人《好逑传》第十七回：“外臣毁誉不一，俱着各自据实奏闻。”

惶恐不安

【拼　音】huáng kǒng bù ān

【解　释】惶：恐惧。内心害怕，十分不安。

【出　处】《汉书·王莽传下》："人民正营，无所措手足。"唐·颜师古注："正营，惶恐不安之意也。"

怀文抱质

【拼　音】huái wén bào zhì

【解　释】文：文华辞采。质：素质；本质；禀性。怀文抱质就是指既有优秀的文采又有良好的品德

【出　处】曹丕《与吴质书》观古今文人，类不护细行，鲜能以名节自立。而伟长独怀文抱质，恬淡寡欲，有箕山之志，可谓彬彬君子者矣。

【附　注】吴质，字季重，三国时著名文学家，曾任元城（今河北大名东）令。这是吴质任元城令时与曹丕的书信来往。可参看"炳烛夜游"条目。

号哭涕泗

【拼　音】háo kū tì sì

解　释 涕泗：眼泪和鼻涕。嚎啕大哭，眼泪和鼻涕横流。近义词：涕泪交流 涕泗流涟 涕泪交加 涕泗纵横 涕泗滂沱 涕泗交颐 涕泪交垂 涕泪交下

出　处 汉·扬雄《元后诔》：新室文母太后崩，天下哀痛，号哭涕泗，思慕功德，咸上柩，

附　注 元后，汉元帝刘奭的皇后王政君（公元前71年－公元13年），魏郡元城（今大名人），王莽的姑姑。汉元帝刘奭皇后，汉成帝刘骜生母。父王禁，母李亲。她的父亲做过廷尉史（法庭书记），王禁嗜酒好色，娶了好几个小老婆，生有四女八子，王政君的生母李氏失宠，与王禁分手，改嫁苟安为妻。王政君从小失去母爱，长大后的政君，婉顺贤慧，及笄就被她的父亲嫁出去，未过门而丈夫病死，后改嫁给东平王做姬妾，未进王府门而东平王死。王禁找人算了一卦，算卦之人说："你的女儿及富贵之命，将来所嫁之人一定是显贵之人。"王禁很高兴，便教政君写字读书，弄琴鼓鼓瑟。

汉宣帝甘露元年（公元前53年），政君十八岁，应选入宫，成为了太子妃。太子刘奭并不喜欢王政君，政君生子刘骜，此后太子刘奭再也没临幸于她。公元前49年十二月，宣帝驾崩，刘骜三岁，皇太子刘奭在宣帝驾崩的当天登基，即汉元帝。刘骜是他的长子，前被立为皇太子。王政君成了掌握实权的皇太后、太皇太后。然而，王政君万万没想到，王莽竟夺取汉室皇权。王政君最后在悲愤、忧郁之中度过她的晚年。王政君生于汉宣帝时，一生经历七朝，历尽沧桑。新朝始建国五年（公元13年）二月，太皇太后忧愤而死，享年84岁，是中国历史上最长寿的皇后之一。太皇太后的遗体被运往渭陵，与元帝合葬。

《元后诔》是元后薨，扬雄写的纪念王政君的文章。

华盖登仙

拼 音 huá gài dēng xiān

解 释 王莽晚年迷信神仙之事，

出 处 据《汉书·王莽传》，王莽篡汉做了皇帝，晚年极为迷信。有人说古代皇帝因建造了华丽的车伞顶盖而成仙，于是王莽制做了九重华盖，高八丈一尺，用黄巾翎羽作装饰，在四轮车内装有机械牵引，套驾六匹马，用身穿黄衣、头裹黄巾的三百力士作护卫，车上有人击鼓，牵车的人都高呼着“登仙”。王莽每当出行，令其在前面。

红丝结褵

拼 音 hóng sī jié lí

解 释 褵亦作“缡”。古代女子出嫁时所系的佩巾。佩之于前，可以蔽膝；蒙之于上，可以盖头。女子嫁前，母亲把佩巾结在女儿身上，称结褵。后成为一种装饰。

用红丝绳相系的方式来选择配偶。也作“幕里红丝”“嘉贞丝幔”。

出 处 王仁裕《开元天宝遗事》卷上《牵红丝娶妇》条中所载郭元振择妇之事：郭元振少时，美风姿，有才艺，宰相张嘉贞欲纳为婿。元振曰：“知公门下有女五人，未知孰陋，事不可仓卒，更待忖之。”张曰：“吾女各有姿色，即不知谁是匹偶，以子风骨奇秀，非常人也，吾欲五女各持一丝，幔前使子取便牵之，得者为婿。”元振欣然从命，遂牵一红丝线，得第三女。

此事《山堂肆考》等书亦载，张嘉贞有五女，郭元振不能确定到底娶谁，便用红丝相系而牵的办法挑选，这就是所谓的“红丝结褵”。可见此类婚姻观念与习俗在民间的起源与演进。

附　注 郭元振（656－713），名震，字元振，魏州贵乡（今大名县）人，唐朝名将、宰相。郭元振进士出身，授通泉县尉，得武则天赞赏，任右武卫铠曹参军，献离间计，使吐蕃内乱。任凉州都督时，加强边防，拓展疆域，大兴屯田，使凉州地区得以安定、发展，更兼任安西大都护。后郭元振因反对朝廷引吐蕃兵攻打娑葛，得罪宰相宗楚客，被诬“有异图”，险遭陷害。

唐睿宗继位后，郭元振入朝，历任太仆卿、吏部尚书、兵部尚书、同中书门下三品，封馆陶县男。

开元元年（713），郭元振再次拜相，并辅助唐玄宗诛杀太平公主，兼任御史大夫，进封代国公。不久，唐玄宗骊山讲武，郭元振因军容不整之罪，被流放新州，后在赴任饶州司马途中，抑郁病逝。

唐大历十四年（779），唐代宗评定前代功臣，郭元振与李孝恭、尉迟敬德等十四位凌烟阁功臣同列第二等二十四人之内。

北宋宣和五年（1123），宋室依照唐代惯例，为古代名将设庙，七十二位名将中亦包括郭元振。

示　例 沈令澄·《花叶孤满楼》叶孤城握着花满楼的手笑道：“这是月老庙的红线。今天是商丘一年一度的红丝结褵节。”花满楼喃喃重复了一遍“红丝结褵”四字，心里泛起一丝莫名的笑意。

红丝诗选

拼　音 hóng sī di xuǎn

解　释 指为女择婿。

出　处 五代·王仁裕《开元天宝遗事·牵红丝娶妇》（郭）元振欣然从命，遂牵一红丝线，得第三女，大有姿色，后果随夫贵达也。

成语故事 郭元振年轻时很有才艺，而且风度翩翩，宰相张嘉正想招他为婿。元振知道他有五个女儿，不知娶哪个。张宰相想出一个办法，让五个女儿各持一条丝线站在丝幔前，元振牵上一条红丝线，于是得到他的第三个美女，后来随夫贵达。

示　例 明·高则诚《琵琶记·奉旨招婿》：红楼此日，红丝待选，须教红叶传情。

参见【红丝结禴】。

J

金科玉条

拼　音 jīn kē yù tiáo

解　释 科、条：法律条文。原指完美的法律条文。后指不能更改、必须遵守的信条。

出　处 汉·扬雄《剧秦美新》："懿律嘉量，金科玉条。"

附　注 《剧秦美新》（《全汉文》卷五十三）是扬雄仿效司马相如的《封禅书》而献给王莽的一篇奏书，它批判暴秦、抨击秦始皇焚书、统一度量衡等措施，赞美新莽，建议王莽效古代故事而行巡狩天下、封禅泰山之礼。其中有"懿律嘉量，金科玉条"，后作"金科玉律"。

示　例 宋·罗大经《鹤林玉露·补遗》："真台谏之金科玉条也。"

近视看匾

拼　音 jìn shì kàn biǎn

解　释 借以说明考辨古史的原则，应"以辨其虚实为先务，而论其失者次之"，即正本清源之意。也说明，无实事求是之心，而怀哗众取宠之意，必将贻笑于人。

出　处 清·大名府人崔东壁著《考信录提要》：有二人皆患近

视，视力不相上下。恰巧村中富人将于明日悬匾于门，乃约其同至其门，读匾上字以验之。然皆恐自弗见，甲先于暮夜使人刺得其字，乙并刺得其旁小字，暨至门，甲先以手指门上曰：大字某某。乙亦用手指门上曰：小字某某。甲不信乙之能见小字也，追主人出，指而问之曰："所言字误否？"主人曰："误则不误，但匾尚未悬，门上虚无物，不知两君所指何也？嗟乎，数尺之匾有无，不能知也，况于数分之字，安能知之！闻人言为云云而遂云云，乃其所以为大误也。"

鸡犬升天

拼　音 jī quǎn shēng tiān

解　释 传说汉朝淮南王刘安修炼成仙后，把剩下的药撒在院子里，鸡和狗吃了，也都升天了。后比喻一个人做了官，和他有关的人也跟着得势。

出　处 汉·王充《论衡·道虚》："淮南王刘安坐反而死，天下并闻，当时并见，儒书尚 有言其得道仙去，鸡犬升天者。"

金装玉裹

拼　音 jīn zhuāng yù guǒ

解　释 形容贵重华丽的服饰或装潢。

出　处 清·明教中人《好逑传》第十五回："今日所见，却金装玉裹，打扮得与天仙相似。"

示　例 清·金埴《不下带编》："金装玉裹梅边鹤，翠绕珠围柳浪莺。"

急人之忧

拼　音 jí rén zhī yōu

释　义 急：着急。热心主动帮助别人解决困难。

出　处 《纪闻·吴保安》："侧闻吾子急人之忧，不遗乡曲之情，忽重特达之眷，使保安得执鞭弭，以奉周旋。"

绝恩绝义

拼　音 jué ēn jué yì

解　释 夫妻或亲属朋友之间恩爱情义完全断绝，从此不相往来。（恩：恩情。义：情义、情分。）同"恩断义绝"。

出　处 元·无名氏《马陵道》楔子："庞涓久后得地呵！此人是个短见薄识、绝恩绝义的人。"

示　例 元·马致远《任风子》第三折："咱两个恩断义绝，花残月缺，再谁恋锦帐罗帏。"

清·徐瑶《太狠生传》："今与郎君恩断义绝矣，天荒地老，永无见期。"

举鼎拔山

拼　音 jǔ dǐng bá shān

解　释 能将大鼎举起，能将高山拔动。比喻力大气壮。

出　处 明·张四维《双烈记·虏骄》：“王基霸业今朝定，举鼎拔山盖世强。”

附　注 张四维，字治卿，明杂剧作家。元城（今大名县）人。留世作品有《双烈记》《章台柳》等。

示　例 执锐披坚领大兵，排兵布阵任非轻，身怀举鼎拔山力，独占东吴数百城。（明·无名氏《衣锦还乡》第一折）

举纲持领

拼　音 jǔ gāng chí lǐng

解　释 举：提出；纲：网的总绳；领：衣领。提起网的总绳，网眼就张开了；提起衣领一抖，衣服就顺了。比喻办事要抓住关键。

出　处 汉·王充《论衡·程材》：“举纲持领，事无不定。”

酒酣耳热

拼　音 jiǔ hān ěr rè

解　释 形容饮酒到高兴的时候。

出　处　三国·魏·曹丕《与吴质书》："每至觞酌流行，丝竹并奏，酒酣耳热，仰而赋诗，当此之时，忽然不自知乐也。"

示　例　酒酣耳热，攘袂持杯。（清·张潮《虞初新志·王翠翘传》）

剧秦美新

拼　音　jù qín měi xīn

解　释　王莽废汉自立，国号新。扬雄仿司马相如《封禅文》，上封事给王莽，指斥秦朝，赞美新朝，故名《剧秦美新》。文中抨击秦始皇焚书、统一度量衡等措施，对王莽则歌功颂德。此文曾被看作是扬雄的"白圭之玷"。因为王莽是逆臣，不该歌颂。不过也要看到，这也是因为王莽的新朝一代而亡，继而代之者又是刘氏，于是王莽便算是逆臣；而扬雄便歌颂错了。假若新莽能够传宗接代，百年不绝，则其后代臣子不知将怎样歌功颂德；《剧秦美新》所歌颂者怕是远远不够的。

《剧秦美新》作者 扬雄（公元前53—公元18）字子云，汉族。西汉官吏、学者。西汉蜀郡成都（今四川成都郫县友爱镇）人。少好学，为人口吃，博览群书，长于辞赋。年四十余，始游京师，以文见召，奏《甘泉》《河东》等赋。成帝时任给事黄门郎。王莽时任大夫。校书天禄阁。

家僮决政

拼　音　jiā tóng jué zhèng

解　释 唐田季安家僮掌权之事。

出　处 《旧唐书·宪宗本纪下》元和七年（812）魏博节度使田季安死，其子只有十一岁，便为副大使，结果军政大权都由家僮蒋士则决定。蒋乱出主张，数易大将，使军情不安。后士兵杀蒋，拥戴衙将田兴主持军州事。

附　注 田季安（781—812），字夔。唐朝魏博镇（驻所在魏州，今大名县）节度使田承嗣之孙，田绪第三子。娶昭义行军司马元谊之女为妻。衙内兵马使田兴（后改名田弘正）屡次规劝田季安。田季安不听，反而迁怒于田兴，田兴“阳为风痹，灸灼满身”。田季安长期沉溺酒色，患风病，杀戮无度。

元和七年（812）八月，田季安暴死，其子田怀谏年十一岁，大权落入家僮蒋士则手上。众推田兴继任节度使。其他儿子有田怀理、田怀询、田怀让。

积金累玉

拼　音 jī jīn lěi yù

解　释 金玉堆积。形容财富很多。

出　处 汉·王充《论衡·命禄》：“怀银纡紫，未必稷、契之才；积金累玉，未必陶朱之智。”

酒囊饭袋

拼　音 jiǔ náng fàn dài

解　释 只会吃喝，不会做事。讥讽无能的人。

出　处 汉·王充《论衡·别通》：“饱食快饮，虑深求卧，腹为饭坑，肠为酒囊。”

救焚拯溺

拼　音 jiù fén zhěng nì

解　释 焚：火灾；溺：水灾。救人于水火之中。形容紧急救助陷于困境中的人。

出　处 汉·王充《论衡·自纪》：“救火拯溺，义不得好，辩论是非，言不得巧。”

敬上爱下

拼　音 jìng shàng ài xià

解　释 敬：尊敬。尊敬在己之上者，爱护在己之下者。形容待人谦恭有礼。

出　处 《汉书·王莽传下》：“孝弟忠恕，敬上爱下，博通旧闻，德行醇备，至于黄发，靡有愆失。”

示　例 二月河《雍正皇帝》第一百三十四回：“儿臣生性不如弟弟们聪敏，办差或者出了差错。但儿臣自问敬上爱下，并没有什么大错。”

解禁退敌

拼　音 jiě jìn tuì dí

出　处 明·冯梦龙《智囊·武案》：绍兴中，虏趋京，所过城邑，欲立取之。会天大寒，城池皆冻。虏籍冰梯城，不攻而入。张魏公在大名，闻之，先弛濠鱼之禁，人争出取鱼，冰不得合，虏至城下，睥睨久之，叹息而去。

释　义 宋绍兴年间，金人进逼京城，他们所经过的城邑，都立即被攻占。这时正好是冬季大雪，护城河水都已经结冰，金人凭借凝结的冰层可轻易过护城河攀城，因此很容易攻破城池。魏国公张浚在北京大名府，听说金人用这种方式来攻占城邑，就下令取消了原先禁止百姓在护城河中捕鱼的禁令，于是百姓们争相凿冰捕鱼，护城河的冰层始终没有办法冻结坚固，金人来到城下，看了很久，只好叹息着离开了。

附　注 张浚（1097—1164），字德远，世称紫岩先生。汉州绵竹（今属四川）人。南宋名相、抗金名将、民族英雄、学者，西汉留侯张良之后，岳飞的上级领导。宋徽宗政和八年（1118）进士，历枢密院编修官、侍御史、知枢密院事、川陕宣抚处置使、尚书右仆射同中书门下平章事兼知枢密院事都督诸路军马等职。隆兴元年（1163），封魏国公。隆兴二年八月，病卒，葬宁乡，赠太保，后加赠太师。乾道五年（1169）谥忠献。著有《紫岩易传》等。

锦衣绣袄

拼　音 jǐn yī xiù ǎo

解 释 锦：有彩色花纹的丝织品。指华丽的衣服。

出 处 明·施耐庵《水浒传》第六十二回："随即差人，将一包袱锦衣绣袄，与卢俊义穿着，八个小喽啰，抬过一乘轿来，扶卢员外上轿便行。"

禁情割欲

拼 音 jìn qíng gē yù

解 释 制约感情和欲望。

出 处 汉王充《论衡·本性》："一岁婴儿，无推让之心：见食，号欲食之；睹好，啼欲 玩之。长大之后，禁情割欲，勉励为善矣。"

蹇人上天

拼 音 jiǎn rén shàng tiān

解 释 比喻不可能之事。亦作"蹇人升天"。

出 处 《后汉书·五行志一》："王莽末，天水童谣曰：'出吴门，望缇群。见一蹇人，言欲上天；令天可上，地上安得民！'时隗嚣初起兵於天水，後意稍广，欲为天子，遂破灭。嚣少病蹇。吴门，冀郭门名也。缇群，山名也。"

附 注 王莽末年，天下大乱，隗嚣少年时生病脚跛，他的野心不小，在天水起兵反王莽，后来屯据陕甘一带，他想称帝，被东汉光武帝刘秀率军歼灭。在他称帝前，天水一带流传童谣："出吴门，望缇群。见一蹇人，言欲上天；令天可上，地上安得民！"

示　例 始安欲为赵伦，形迹已见，蹇人上天，信无此理。（《梁书·武帝纪上》）

计无所施

拼　音 jì wú suǒ shī

解　释 计：计策；施：施展。再也没有可施展的计谋了。

出　处 宋·李昉《太平广记》（转引《集异记》）：唐故赠工部尚书邢曹进，至德已来，河朔之健将也。守职魏郡（今大名），因为田承嗣（唐魏博节度使，驻魏州，今大名）所縻。曾因讨叛，飞矢中肩，左右与之拔箭，而镞留于骨，微露其末焉。即以铁钳，遣有力者拔而出之，其镞坚然不可动。曹进痛楚，计无所施。妻孥辈但为广修佛事，用希慈荫……

附　注 死后追封为工部尚书的邢曹进，自唐肃宗至德年间以来，就是黄河以北的最强健有力的将领。那时他在魏郡任职，曾被田承嗣拘禁过。他在一次讨伐叛贼的战事里被一支箭射中肩膀。他左右的人急忙给他拔箭，可是箭头却留在了骨头里，稍微露出一点末端，于是只好用铁钳子夹，又特意找来有力气的人用力拔。可是那个箭头坚固得拔不动。曹进痛疼难忍，又想不出什么办法来。他妻儿等多做佛事，希望佛来保佑他。过了几天之后，就用绳索把他绑在床上，再让人给拔箭头。可箭头还像当初一样牢固，丝毫不动。曹进每天呻吟忍耐，只有等死了。有一天白天睡觉，梦见一个胡僧站在院子当中。曹进就把自己所受的痛苦全告诉了他。胡僧听了以后过了好一会儿才对他说："你可以用米汤往伤口上灌注，一定会好的。”等醒来就对医生说了这个梦。医生说：“米汤就是淘米水，怎么能用它来灌注疮伤啊？”于是派人四处打听，没有谁能明白这事的。第二天，忽然有一个胡僧来到门上讨饭，曹进马上让他进来。曹进在中堂远远地看上去，他就是昨天在梦中所见到的那个胡僧。曹进就请他到跟前来，把自己的痛苦实话告诉他。胡僧说：“为什么不用冷米汤灌注伤处，这样照做之后才会知道它效果如神。”曹进这才恍然大悟，汤就是米汁啊。况且刚才所见到的又完全符合梦中的情景。因此就拿米汤来按照胡僧指点的办法去灌伤处。刚一洗过，就有清凉的感觉，米汤灌到伤口处，立刻感到酸疼减轻不少。这天夜里他的伤口处就有些发痒。曹进就叫人像先前那样用钳子拔箭，钳子才举到眼前，箭头就突然出来了。然后敷上药，不到十天伤口就全好了。哎！西方的圣人啊！他的恩惠庇佑这样显著，这不就是最好的应验明证吗?

示　例 清·蒲松龄《聊斋志异·博兴女》：“门外故有深渊，遂以石系尸沉其中，王觅女不得，计无所施。”

见神见鬼

拼　音 jiàn shén jiàn guǐ

解　释 好像看见了鬼神。比喻多疑。

出　处 唐·三圣慧然《临济慧照玄公大宗师语录》：“演若达多失却头。求心歇处即无事。大德。且要平常莫作模样。有一般不识好恶秃奴。便即见神见鬼指东划西好晴好雨。如是之流。尽须抵债。向阎老前吞热铁丸有日。好人家男女。被这一般野狐精魅所著。便即捏怪。瞎屡生。索饭钱有日在。”

示 例 清·曹雪芹《红楼梦》第五十一回："袭人才去了一夜，你们就见神见鬼的。"

拒父城下

拼 音 jù fù chéng xià

解 释 此典常用来喻指号令严明，不因亲徇法。

出 处 据《宋史·太祖本纪》记载，后周世宗三年（956），匡胤随世宗征淮南，大败南唐军，入据涡口（今安徽蒙城），南唐节度使皇甫晖、姚凤率领号称15万众之军来战。当时正处两军交兵之际，一日深夜，匡胤父赵宏殷（时亦为后周大将，一同率军南征）率本部人马抵涡口城下，令人高呼开门。匡胤在城门上答道："父子关系固然亲密，但城门的关与闭，关系到战争的胜败、国家的存亡，不可草率从事。"因而将其父拒于城外，直到次日天明，才让其父进城。

附 注 皇甫晖（？—956），魏州（今河北省大名县）人。五代时期将领。他原是后唐魏州军的一名普通士兵，同光四年（926）二月，煽动魏州军发动叛乱，后唐庄宗李存勖派遣李嗣源带兵平叛，李嗣源却在乱兵拥戴下称帝，即后唐明宗，他称帝后皇甫晖被封为陈州刺史。

后唐被后晋取代之后，他出任密州刺史。后晋灭亡，皇甫晖率部投奔南唐。历任歙州刺史、神卫都虞候，后任奉化军节度使，加同中书门下平章事，镇守江州。

后周显德三年（956）春，周世宗柴荣率领大将赵匡胤等人进攻南唐的淮南地区，皇甫晖率兵拒敌，被赵匡胤打伤生擒，献到柴荣营，因为伤重拒绝就医而亡。其子为皇甫继勋。

机事不密

拼　音 jī shì bù mì

解　释 指泄漏机密。

出　处 《汉书·王莽传中》："泄露省中及尚书事者，'机事不密则害成'也。"颜师古注引《易·系辞上》："机事不密则害成。"按，今本《易·系辞上》作"几事"。

示　例 明·罗贯中《三国演义》第一回："时有宦官曹节等弄权，窦武、陈蕃谋诛之，机事不密，反为所害。"

接踵而至

拼　音 jiē zhǒng ér zhì

解　释 踵：脚后跟；接踵：足跟与足跟相接。指人们前脚跟着后脚，一个接一个、接连不断地来。形容来者很多，络绎不绝。

出　处 《新编五代史平话·唐史下》："是日唐主大军接踵而至。"

附　注 "唐主"指后唐庄宗李存勖，五代时期后唐王朝的建立者。同光元年（923）四月在魏州（今大名县）称帝，国号"唐"，史称后唐，是为后唐庄宗。详见"十三太保"条目。

示　例 章炳麟《箴新党论》："台湾之割，旅顺之割，青岛之割，威海之割，接踵而至。"

尽思极心

【拼　音】jìn sī jí xīn

【解　释】用尽心思。

【出　处】汉·王充《论衡·对作》："其本皆起人间有非，故尽思极心，以讥世俗。"

军法从事

【拼　音】jūn fǎ cóng shì

【解　释】按照军法严办。

【出　处】《汉书·王莽传》："敢有趁灌犯法，辄以军法从事。"

尽在不言中

【拼　音】jìn zài bù yán zhōng

【解　释】尽：都，全部。指大家不言明，都明白其中的意思。

【出　处】元·无名氏《马陵道》第一折："我正是满怀心腹事，尽在不言中。"

【举　例】高阳《胡雪岩全传·红顶商人》："刘不才不提王有龄，真所谓'尽在不言中'。"

节同时异

拼　音 jié tóng shí yì

解　释 季节相同，但时间已不是那个时间了。多用于表达时过境迁，因而怀念故人。

出　处 三国·魏·曹丕《与吴质书》：“节同时异，物是人非，我劳如何！”

击节称赏

拼　音 jī jié chēng shǎng

解　释 节：节拍；赏：赞赏。打着拍子对诗文、音乐等赞赏。

出　处 北宋政府修《宣和画谱·龙鱼·董羽》：“其汹涌澜翻，望之若临烟江绝岛间，虽咫尺汗漫，莫知其涯涘也。宋白为时闻人，一见击节称赏。”

附　注 宋白（936—1012），字太素，一作素臣（《东都事略》卷三八），大名人。太祖建隆二年（961）进士。乾德三年（965），授玉津县令。阴实中，连知蒲城、卫南二县。太宗即位，擢左拾遗，拜中书舍人。太平兴国五年（980），知贡举。八年，改集贤殿直学士。未几，召为翰林学士。至道初，为翰林学士承旨。二年（996），拜刑部尚书、集贤院学士判院事。四年，以工部尚书致仕（《续资治通鉴长编》卷六七）。真宗大中祥符五年正月卒，年七十七。谥文安。《宋史》卷四三九有传。雍熙中，与李昉等同编《文苑英华》。卒谥文安。

K

看景生情

拼音 kàn jǐng shēng qíng

解释 指见机行事。

出处 明·施耐庵《水浒传》第七十四回："非是燕青敢说口，临机应变，看景生情，不倒的输与他那呆汉。"

附注 燕青是《水浒传》中的经典人物形象，大名府人，绰号"浪子"，燕青小时候流浪，被卢俊义带回家中收为义子，卢俊义的心腹亲随，才貌双绝、风流聪慧、感恩重义、性情低调；燕青的绝活有两项，川弩和相扑；又射一手好箭，有百步穿杨之功，平方腊后，燕青感于政治纷争复杂难测，便独自隐退，他是三十六天罡星最后一名。

宽以惠民

拼音 Kuān yǐ huì mín

解释 唐末魏博节度使田弘正攻下郓州施以宽政惠民的故事。

出处 《资治通鉴·唐纪五十七》：先是，李师道将败数月，闻风动鸟飞，皆疑有变，禁郓人亲识宴聚及道路偶语，犯者有刑。弘正既入郓，悉除苛禁，纵人游乐，寒食七昼夜不禁行人！或谏曰："郓人久为寇敌，今虽平，人心未安，不可不备。"弘正曰："今为暴者既除，宜施以宽惠，若复为严察，是以桀易桀也，庸何愈焉！”

李师道败亡前，紧张多疑，听到风吹鸟飞就怀疑有什么变故，于是下令禁止郓州人在一起饮宴相聚，行人也不许悄声私语，如有违犯，就严刑惩处。田弘正进入郓州后，将这些苛法全部废除，放纵百姓们游乐，寒食节也不禁行人往来。有人劝道：“郓州人随同李师道数年，与朝廷为敌，现虽已平定，人心尚未安定，不可不防。”田弘正道：“如今淄青暴乱为首者已经诛除，应当施行惠政，如果仍以严刑为政，那就好比是以夏桀来代替夏桀，又有什么改善呢？

哭哀为郎

拼　音 kū āi wéi láng

解　释 为朝廷哭得特别悲哀而被授任郎官的故事

出　处 《汉书·王莽传》：新莽末年，军师溃败，朝臣叛变，王莽陷于绝境，非常优恐，不知计从何出。近臣崔发进言：“《周礼》和《春秋·左氏传》中言及，国有大灾大难，就用哭的方法来求安。所以《易经》上讲：‘先号啕大哭而后得笑。’应该长吁短叹地求告上天的救助。”王莽自知事败，带领群臣到南郊，对上天陈述承符命即帝位的经过，仰天叹道：“皇天既然受命给我王莽，为何不除灭众多盗贼？既使我王莽不对，希望天降雷霆诛杀臣莽！”因而捶胸大哭，直哭得喘不过气来，又写一篇禀告上天的策文，陈述自己的功劳。众儒生和老白姓每日早晚集到一起大哭，由朝廷负责设餐施粥，哭得特别悲哀及能够诵读策文者，朝廷授任郎官，竟多达五千余人。

狂放不羁

【拼 音】kuáng fàng bù jī

【解 释】任性豪放，不受约束。形容性格豪爽，蔑视世俗礼法。

【出 处】宋·彭乘《墨客挥犀》卷一："潘阆，字逍遥，咸平间有诗名。与钱易许洞为友，狂放不羁。"

【示 例】阿英《袁中郎作官》："更广游东南，以恢复他原先的狂放不羁得精神。"

【附 注】潘阆（？—1009）宋初著名隐士、文人。字梦空，一说字逍遥，号逍遥子，大名（今属河北）人。性格疏狂，曾两次坐事亡命。真宗时释其罪，任滁州参军。有诗名，风格类孟郊、贾岛，亦工词，今仅存《酒泉子》十首。十首中以这第十首写得最好，最为后人所传诵。尤是"弄潮儿向涛头立，手把红旗旗不湿"这两句为千古名句。

潘阆为人疏狂放荡，一生颇富传奇色彩。早年在汴京讲堂巷开药铺。太平兴国七年（982），卢多逊为相时图谋立秦王赵廷美为帝，潘阆参预其谋。后卢多逊和秦王事败，潘阆受株连而遭追捕。潘阆假扮僧人逃进今山西省南部黄河北岸的中条山，一路辗转到杭州、会稽卖药为生。

至道元年（995），潘阆因宦官王继恩推荐，得到宋太宗的召见，赐进士及第，国子四门助教。因其过于狂妄，未几追还诏书。太宗驾崩之前，潘阆与王继恩、参知政事李昌龄、枢密赵镕、知制诰胡旦等谋立太祖之孙惟吉为帝。事败，真宗即位，将王继恩等人尽行诛窜。潘阆逃往舒州潜山寺。咸平初，入京被收系入狱，真宗过问逮捕审讯，不久获宽释，任滁州（今属安徽）参军。赴任滁州途中，潘阆写有《赴滁州散参军途中书事》诗："微躯不杀谢天恩，容养疏慵世未闻。昔日已为闲助教，今朝又作散参军。高吟瘦马冲残雪，远看孤鸿入断云。到任也应无别事，愿将清俸买香焚。"

潘阆晚年遨游于大江南北，放怀湖山，最后亡故于泗上（今江苏省淮阴市一带）。道士冯德之迁其遗骨葬于杭州。集贤院钱易铭其墓云："逍遥尝与道士冯德之居钱塘，约归骨于天柱山。大中祥符三年为泗州参军，卒于官舍。德之遂囊其骨归吴中，葬于洞霄宫之右。"今杭州城有"潘阆巷"。

潘阆与寇准、钱易、王禹偁、林逋、许洞等交游唱和，著《逍遥词》。

叩天无路

拼　音 kòu tiān wú lù

解　释 叩：敲；阍：宫门；叩阍：鸣冤。指没办法申诉冤屈。

出　处 清·名教中人《好逑传》第二回："生员自小女被恶侯抢劫，叩天无路，逢人哭诉。"

L

利害相关

【拼 音】lì hài xiāng guān

【解 释】利害：好处和害处；关：相关。指有密切的利害关系。

【出 处】平时酒杯往来如兄若弟；一虱大的事，才有些利害相关，便尔我不相顾了。（明·冯梦龙《喻世明言·吴保安弃家赎友》

【示 例】吴保安，唐魏州贵乡（今河北大名县）人。详细介绍见【弃家赎友】条。

冷韵幽香

【拼 音】lěng yùn yōu xiāng

【解 释】清幽的韵味或情趣，淡雅的香气。

【出 处】明末清初青·心才人小说《金云翘传》第一回 无情有情陌路吊淡仙 有缘无缘劈空遇金重："我如今再说一女子，深情美色，冷韵幽香，不减小青。而潦倒风尘，坎坷湖海，似犹过之，真足与小青媲美千秋也。"

【示 例】清·李渔《怜香伴·香咏》："似小姐这等诗，真有雪胎梅骨冷韵幽香。"清·冒襄《影梅庵忆语》："四时草花竹叶，无不经营绝慧，领略殊清，使冷韵幽香，恒霏微于曲房斗室。"

乱首垢面

拼　音 luàn shǒu gòu miàn

解　释 犹蓬头垢面。旧时形容贫苦人生活条件很差的样子。也泛指没有修饰。

出　处 东汉·班固《汉书·王莽传》："世文大将军凤病，莽侍疾，亲尝药，乱首垢面，不解衣带连月。"

成语故事 王莽幼年坎坷，父兄先后去世，由其叔父们抚养成人。青年时期，谦恭俭让，礼贤下士，尊敬长辈，被誉为楷模。族中之人多为将军列侯，生活侈靡，声色犬马，互相攀比。唯独王莽独守清净，生活简朴，为人谦恭。而且勤劳好学，师事沛郡陈参学习《论语》。他服侍母亲及寡嫂，抚育兄长的遗子，行为严谨检点。对外结交贤士，对内侍奉诸位叔伯，十分周到。他的伯父王凤得病，王莽亲自照料并亲尝药汤，无微不至地照料伯父，顾不上洗脸、梳头，睡觉时连衣服都舍不得脱。这个世家大族中的另类，几乎成为当时的道德楷模，很快便声名远播。

里勾外连

拼　音 lǐ gōu wài lián

解　释 内外勾结，串通一气。

出　处 明·施耐庵《水浒》第六十二回："你这厮是北京本处良民，如何却去投梁山落草，坐了第二把交椅？如今倒来里钩外连，要打北京！"

林下高风

【拼　音】lín xià gāo fēng

【解　释】指女子态度娴雅、举止大方。同“林下风气”。

【出　处】清·明教中人《好逑传》第十三回　出恶言拒聘实增奸险“因访之老先生令爱小姐，乃闺中名秀，又擅林下高风，诚当今之淑女，愿以丝萝仰乔木久矣。”

陋车驽马

【拼　音】lòu chē nú mǎ

【解　释】陋：简陋；驽马：劣马。破车劣马。比喻清廉俭朴。

【出　处】汉·班固《汉书·王莽传上》：“恶衣恶食，陋车驽马。”

【附　注】王莽生于西汉最显贵的家族，族中之人多为将军列侯，生活侈靡，声色犬马，互相攀比。唯独王莽独守清净，生活简朴，为人谦恭。而且勤劳好学，师事沛郡陈参学习《论语》。他服侍母亲及寡嫂，抚育兄长的遗子，行为严谨检点。对外结交贤士，对内侍奉诸位叔伯，十分周到。这个世家大族中的另类，成为当时的道德楷模，很快便声名远播。

王莽即使大权在握，仍非常简朴，他的妻子“衣不曳地，布不蔽膝”。他建言应该首先对诸侯王和功臣后裔大加封赏，然后封赏在职官员，增加宗庙的礼乐，使百姓和鳏寡都得到好处，对平民士人推行恩惠政策，从而再次博得朝野的好感。其次建言太后王政君带头过俭朴的生活，自己又贡献钱百万、田三十顷救济民众，百官群起效仿。每逢遭遇水旱灾害，王莽只吃素食，不用酒肉。元始二年，全国大旱并发蝗灾，受灾最严重的青州百姓流亡。在王莽带头下，二百三十名官民献出土地住宅救济灾民。灾区普遍减收租税，灾民得到充分抚恤。皇家在安定郡的呼池苑被撤销，改为安民县，用以安置灾民。连长安城中也为灾民建了一千套住宅。大司徒司直陈崇为宣传王莽，于是上表赞颂王莽的功德，说他可与古代的圣人相比。

狼号鬼哭

【拼　音】láng háo guǐ kū

【解　释】形容哭叫的声音凄厉。

【出　处】元·无名氏《马陵道》第二折："可怎生神嚎鬼哭，雾惨云昏，白日为幽。"

【示　例】清·曹雪芹《红楼梦》第五十八回："等两日咱们去痛回一回，大家把这威风煞一煞儿才好呢！况且宝玉才好了些，连我们也不敢说话，你反打的人狼号鬼哭的。"

灵心慧性

【拼　音】líng xīn huì xìng

【解　释】指聪慧的天资。

【出　处】清·名教中人《好逑传》第七回："这水小姐，灵心慧性，如凤如鸾，若非铁公子，也无人对得她过。"

示　例 清·文康《儿女英雄传》第二十七回：“自己本生得一副月貌花容，一团灵心慧性，那怕丈夫千金买笑，自料断不及我一顾倾城。”

狼狈不堪

拼　音 láng bèi bù kān

解　释 狼狈：疲惫、窘迫的样子；堪：忍受。指困顿窘迫的样子。

出　处 清·名教中人《好逑传》：“这韩愿情急；追赶拦截；又被他打得狼狈不堪。”

流风余韵

拼　音 liú fēng yú yùn

解　释 流风：前代流传下来的风尚。余韵：遗留下来的韵致。前代留传给后世的风雅韵事。

出　处 宋·朱熹《朱文公文集·跋刘元城言行录》：“岁月如流，前辈既不可见，而其流风余韵日远日忘。”

附　注 刘元城即刘安世，北宋官吏。字器之，号元城、读易老人。魏州元城（今河北大名）人。详见【安世不妄】。

留有余地

【拼 音】liú yǒu yú dì

【解 释】比喻说话办事留下可以回旋的地方。

【出 处】宋·王令《寄介甫》："终见乘桴去沧海，好留余地许相依。"

【附 注】王令（1032—1059）北宋诗人。初字钟美，后改字逢原。原籍元城（今大名）。这是王令与王安石的诗作往来。详见【苟且偷生】。

鸾俦凤侣

【拼 音】luán chóu fèng lǚ

【解 释】指男女欢爱如鸾凤般相谐作伴。

【出 处】《好逑传》第十六回："何不与舍侄女竟成鸾俦凤侣，便完了一件百年的大事？"

落荒而走

【拼 音】luò huāng ér zǒu

【解 释】指离开战场，向荒野逃命。形容战败逃命。

【出 处】元·无名氏《马陵道》第三折："你自慢慢的从大路上行，我便落慌而走。"

示　例 明·罗贯中《三国演义》三十一回："玄德见势危，落荒而走。"

锒铛入狱

拼　音 láng kāng rù yù

解　释 锒铛：铁索链。用铁链锁起来，投入监狱。

出　处 《汉书·王莽传》："民犯铸钱……以铁锁琅当其颈，传诣钟官。"

示　例 打破饭碗算是轻描淡写，其较重者由特务老爷赐一绑，锒铛入狱，或一命呜呼。（邹韬奋《患难余生记》第二章）

落落寡合

拼　音 luò luò guǎ hé

解　释 落落：孤独的样子；不合群。寡：少；合：合群。孤孤单单；很难合群。

出　处 明·名教中人《好逑传》："母亲石氏；随父在任；因铁公子为人落落寡合；见事又敢作敢为；恐怕招愆；所以留在家下。"

示　例 清·石玉昆《三侠五义》："原来此人姓杜名雍；是个饱学儒流；一生性气刚直；又是个落落寡合之人。"

落落穆穆

拼　音 luò luò mù mù

解　释 落落：同别人合不来的样子；穆穆：同 默默，沉默寡言。形容待人冷淡。

出　处 《晋书·王澄传》：“澄尝谓衍曰：‘兄形似道，而神锋太儁。’（王）衍曰：‘诚不如卿落落穆穆然也。’”

附　注 西晋王衍（著名清谈家、书法家）担任元城（今河北大名东）县令。

示　例 清·钱谦益 《李君实<恬致堂集>序》：“君实落落穆穆，骤而即之，不见其有可慕説；徐而扣其所有，则渟泓演迤，愈出而愈不穷。”清·戴名世 《<朱翁诗>序》：“翁为人，落落穆穆，而其意念，直不可一世。”

镂骨铭肌

拼　音 lòu gǔ míng jī

解　释 比喻牢记不忘。多用为感激之词。

出　处 唐·元稹《谢准朱书撰田弘正碑文状》：“空怀感涕之心，未获杀身之所，无任感恩思报，镂骨铭肌之至。”

附　注 田弘正，唐末魏博节度使，随先祖迁居魏州（今大名）。可参看【不知大体】条。

示　例 宋·陈亮《谢留丞相启》：“自顶至踵，横嘉惠于不訾；镂骨铭肌，怅余年之无几。

力屈计穷

【拼　音】lì qū jì qióng

【解　释】力量智谋都已用完。

【出　处】《太平广记》卷一六六引《纪闻·吴保安》："吾今在厄，力屈计穷。"

【附　注】吴保安，唐魏州贵乡（今河北大名县）人。详细介绍见【弃家赎友】条。

【示　例】明·吾邱瑞《运甓记·平蛮奏凯》："吾想此辈鼠窃狗偷，岂有深谋远计，连日被我敌败，力屈计穷。"

了不起

【拼　音】liǎo bù qǐ

【解　释】极好或令人钦佩的，不平凡，优点突出的意思。

【出　处】清·名教中人《好逑传》第七回："本县看她处心行事，竟是一个了不起的大豪杰，断不肯等闲失身。"

了无惧色

【拼　音】liǎo wū jǔ sè

【解　释】惧：害怕；色：神色。完全没有害怕的样子。

【出　处】唐·段成式《酉阳杂俎·诺皋记上》：“郭代公（郭元振）尝山居，中夜有人面如盘，瞚目出於灯下。公了无惧色。”

【示　例】明·冯梦龙《东周列国志》第十八回：“左右缚宁戚去，将行刑，戚颜色不变，了无惧色。”

【附　注】郭元振（656—713），名震，字元振，魏州贵乡（今大名县）人，唐朝名将、宰相。开元元年（713），郭元振再次拜相，并辅助唐玄宗诛杀太平公主，兼任御史大夫，进封代国公。参看【红丝结褵】条目。

来者难诬

【拼　音】lái zhě nán wū

【解　释】诬，轻蔑。对后来之人不可轻视。

【出　处】曹丕《与吴质书》：后生可畏，来者难诬，然恐吾与足下不及见也。

【译　文】将来定有优秀人才出现，后来之人不可轻视，但是恐怕我与您不能赶上见到了。

伶人做官

【拼　音】líng rén zuò guān

【解　释】宠幸伶人，让唱戏的进宫做官。借指朝廷做事荒唐、腐败。

【出　处】欧阳修《新五代史·伶官传》

典例故事 唐庄宗自幼喜欢看戏、演戏。923年在魏州（河北大名县）称帝，国号唐，史称后唐。即位后，常常面涂粉墨，穿上戏装，登台表演，不理朝政，并自取艺名为“李天下”。

伶人受到皇帝宠幸，可以自由出入宫中和皇帝打打闹闹，侮辱戏弄朝臣，群臣敢怒不敢言。有的朝官和藩镇为了求他们在皇帝面前美言几句，还争着送礼巴结。李存勖还用伶人做耳目，去刺探群臣的言行，置身经百战的将士于不顾，而去封身无寸功的伶人当刺史。此外，李存勖还下令召集在各地的原唐宫太监，把他们作为心腹，担任官中各执事和诸镇的监军。将领们受到宦官的监视、侮辱，读书人也断了进身之路。有个伶人名叫景进，专门替庄宗刺探外面的情况。谁不讨他的好，他就在庄宗面前说坏话，谁就倒霉。所以，官员们见了景进，没有不害怕的。同时，李存勖又派伶人、宦官抢民女入宫，有一次，竟抢了驻守魏州将士们的妻女1000多人，搞得众叛亲离，怨声四起。

李存勖整天跟伶人在一起，穿着戏装，登台表演，把国家大事丢在一边。有一次，他上台演戏，叫了两声自己的艺名“李天下”。有个伶人上去给他两个耳刮子，把唐庄宗打得莫名其妙。别的伶人见了也大吃一惊，冲上去揪住那个伶人责问。那个打耳光的伶人笑嘻嘻地说：“理（‘理’和‘李’同音）天下只有皇帝一个人，你叫了两声，还有一个是谁呢？”唐庄宗听他一说，才知道是跟他开玩笑，挨了打也不生气。

唐庄宗要封两个伶人当刺史。有人劝阻说：“现在新朝刚建立，跟陛下一起身经百战的将士还没得到封赏，反倒让伶人当刺史，只怕大家不服。”唐庄宗根本不理会这些劝谏，照样让伶人当了官，一些将士见了，果然气得要命。不出几年，后府朝廷内部先乱了起来，大将郭崇韬被害。另一个大将李嗣源（李克用的养子）也被猜忌，差点丧了命。李嗣源受到将士的拥戴，发动“邺都（今河北大名东）兵变”。唐庄宗在洛阳听到这个消息，想回汴京。半路上听到李嗣源已经进了汴京。各地将领纷纷支持李嗣源。他知道自己已经完全孤立，垂头丧气地跟左右将士说：“这下我完了！”唐庄宗回到洛阳，还想抵抗李嗣源。他的亲军指挥使郭从谦，原来也是个伶人，曾经认大将郭崇韬做叔父。郭崇韬被杀后，郭从谦早就怀恨在心，趁这个机会，就发动亲军叛变，攻进皇宫。唐庄宗想抵抗也来不及，被一支流箭射中，丧了命。

老婆禅

拼　音 lǎo pó chán

解　释 佛教语。谓禅师苦口婆心，多方设教，反复叮咛如老婆婆。

禅林中，师家接引学人时，一再亲切叮咛之禅风，与临济大师之禅风正相反。临济禅被称作“临济将军”，临济之禅风“活泼而严峻，展现生杀予夺之机，犹如将军之叱咤三军”。老婆禅一语，或有轻蔑之意，以师家当依学人根性，善巧接化；若一味说示，过分关切，恐有碍学人自行探索，开发智慧之机会，实有悖禅宗“不立文字，教外别传”之宗旨。

出　处 唐·三圣慧然《临济慧照玄公大宗师语录·勘辨》：“普化以手指云：‘河阳新妇子，木塔老婆禅；临济小厮儿，却具一只眼。’”

示　例 宋·苏轼《参寥惠杨梅》诗：“莫共金家斗甘苦，参寥不是老婆禅。”

元·耶律楚材《清智公尼禅开堂疏》：“惟智公禅师本有丈夫志，不学老婆禅。”

元·吴昌龄《东坡梦》第四折：“葛藤接断老婆禅，打破沙锅璺到底。”

可参看【棒喝齐施】条目。

虑危图安

拼　音 lǜ wēi tú ān

解　释 处事分析形势事先考虑其危机的一面，才能使局势事态达到安泰的结局。

出　处 唐·郑畋（825—883）《与韩君雄书》：“魏博权知兵马留后韩君雄及将士等。何全皞藉祖父之余基，受朝廷之重寄。身居节制，位极公台。所宜虑危图安，忘私济众。乃骄矜失道，满假为心。刻削衣粮，恣行杀戮。致三军之怨怒，乘马匹以奔逃。忽以败亡，良可惊叹。君雄素闻奇节，久著威声。”

附　注 韩君雄，唐末魏博节度使，生于宪宗年间的814年，是魏博镇首府魏州人氏。父韩国昌长期在魏博节度使何弘敬手下为将，韩君雄也因而在年轻时就得以在军中效力，在唐武宗年间的833年至834年间和父亲一同参与了何弘敬协助朝廷军队讨伐不经朝廷许可就割据昭义镇的叛将刘稹的战斗。

示　例 脱脱《宋史·列传·陈塤》：“履泰安而逸乐者，有习安致危之理。因艰危而克惧者，有虑危图安之机。”

浪荡乾坤

拼　音 làng dàng qián kūn

解　释 浪荡：同“朗朗”，明朗；乾坤：天地。形容政治清明，天下太平。现在还形容人放荡不羁，有气势，有魄力。

【出　处】元·李方蔚《燕青博鱼》第一折：“清平世界，浪荡乾坤，你怎么当街里打人。”

浪酒闲茶

【拼　音】làng jiǔ xián chá

【解　释】指风月场中的吃喝之事。

【出　处】元·李元蔚《燕青博鱼》第一折：“我揣巴些残汤剩水，打叠起浪酒闲茶。”

【示　例】“恁的般受怕担惊，又不图甚浪酒闲茶。”元·王实甫《西厢记》第三本第三折

两全其美

【拼　音】liǎng quán qí měi

【解　释】做事顾全双方，使两方面都获益。

【出　处】元·陈天祥《论卢世荣奸邪状》（《元文类. 卷一四》引）

“宜将本人移置他处，量与一职，待其行事果异于前，治政实有成效，然后升用，未以为迟。不使骤专非分之任，无令致有横侈之权，则朝廷无将来后悔之患，本人无阿合马丧家之祸。君父臣子之间，上下两全其美，非惟国家之幸，实亦本人之大幸也。”

示　例 《西游记. 第七六回》："也罢！也罢！与他个两全其美，出去便出去，还与他肚里生下一个根儿。"

附　注 卢世荣（？—1285），原名懋，大名人，元经济学家。元世祖忽必烈时期的著名理财宰相，卢世荣最初任江西榷茶运使，后因桑哥推荐，于至元二十一年（1284）十一月任中书右丞，秉政理财。到至元二十二年（1285）三月遭监察御史陈天祥弹劾，免职下狱，任期仅四个多月。其实施的经济政策有许多值得称道。他针对中统宝钞贬值，主张钱钞并行，即增加金属货币流通量以代替纸币发行，并在我国经济史上首次提出垄断海外贸易。但在理财过程中，因触犯一批蒙古贵族和汉人官僚地主的利益而身亡。

元世祖时，大臣桑哥举荐他有"上可裕国，下不损民"的理财之术，故被任命为中书右丞，奉旨整治钞法。至元二十二年（1285）三月遭监察御史陈天祥弹劾，说他利用这个机会搜括民脂，在职四个多月间，不但未让国家财政有所起色，反而造成入不敷出。而在此之前，另有一皇帝宠臣阿合马，在执掌国家财政大权期间苛征赋税，贪赃枉法，死后不但被追讨家产，世祖还命人开棺戮尸，君臣双方可说是两败俱伤。所以监察御史陈天祥在上书弹劾卢世荣时，便以此事为警惕，建请朝廷在未酿在大祸前，先将卢降职查考，使"君父臣子之间，上下两全其美"，一方面国家不致再受其害，一方面也可免卢本人步上阿合马的后尘，希望如此能顾全君臣双方。《论卢世荣奸邪状》是陈天祥弹劾卢世荣的奏章。

M

陌路相逢

拼 音 mò lù xiāng féng

解 释 陌路：陌生人。素不相识的人遇到一起。

出 处 清·名教中人《好逑传》第八回："我与你家小姐陌路相逢，欲言恩，恩深难言；欲言情，又无情可言。"

命在漏刻

拼 音 mìng zài lòu kè

解 释 漏刻，古计时器。即漏壶。因漏壶的箭上刻符号表时间。《汉书·哀帝纪》："漏刻以百二十为度。颜师古 注："旧漏昼夜共百刻，今增其二十。"引申为顷刻，时间极短。形容性命只在顷刻之间。

出 处 《汉书·王莽传下》："莽召问羣臣擒贼方略，皆曰：'此天囚行尸，命在漏刻。'"

示 例 梁·沈约《宋书·列传第二十九·刘湛》："吾虽幽逼日苦，命在漏刻，义慨之士，时有音信。"

明目张胆

【拼　音】míng mù zhāng dǎn

【解　释】指有胆识，敢作敢为，后转形容公开地、大胆地做坏事，毫无顾忌。

【出　处】《宋史·刘安世传》载，宋哲宗时，谏议大夫刘安世（大名人）敢于直言。他初任谏官的时候，就立下志愿："须明目张胆，以身任责。"《宋史》记载他在职期间，清正不阿，铁面无私，屡次直谏皇帝，弹劾大臣，朝中文武百官一时都很敬畏他，称他为"殿上虎"。

眉高眼低

【拼　音】méi gāo yǎn dī

【解　释】脸上的表情。泛指为人处世的道理或辨貌观色的本领。

【出　处】明·张四维《双烈记·计遣》："大夫四海为家，那里不去了，怎肯受你家眉高眼低，干言湿语。"

【附　注】张四维，字治卿，明杂剧作家。元城（今大名县）人。留世作品有《双烈记》《章台柳》等。

【示　例】清·石玉昆《三侠五义》第三十二回："慢说走路，什么处儿的风俗，遇事眉高眼低，那算瞒不过小人的了。"

可参看【干言湿语】条目。

面北眉南

【拼 音】miàn běi méi nán

【解 释】谓脸面相背，互不理睬。形容相处不合，各不照面。

【出 处】元·无名氏《马陵道》第三折：“既然是你为我来，须回避，且做个面北眉南，你东咱西。”

【示 例】明·贾仲名《萧淑兰》第二折：“俺那崔氏女正红愁绿惨，你个张君瑞待面北眉南。”

卖女励军

【拼 音】mài nǚ lì jūn

【解 释】在两军交战的战场卖掉女儿充当军费以激励将士的典故。

【出 处】《旧唐书下·张伾》：建中初，以泽潞将镇临洺。田悦（魏博节度使）攻之，伾度兵力不能出战，严设守备，婴城拒守，贼不能拔。累月，攻之益急，士多死伤，粮储渐乏，救兵未至。伾知事不济，无以激士心，乃悉召将卒于军门，命其女出拜之，谓曰：“将士辛苦守战，伾之家无尺寸物与公等，独有此女，幸未嫁人，愿出卖之，为将士一日之费。”众皆大哭，曰：“誓为将军死战，幸无虑也！”

【释 义】建中二年（781），田悦叛乱，兵围临洺城，数月难以破城。守将张伾固守城池，兵卒死伤惨重，粮草也将断绝。张伾将女儿打扮一番，带她出来对士卒道：“诸君守城都很艰苦，我家中也没有什么东西，愿意卖掉此女，作为将士一天的费用。”士卒都哭道：“愿尽死力守卫城池，不敢图什么赏赐。”

后来，河东马燧、河阳李艽与昭义李抱真联军来救，但是见魏博军封锁严密，便驻扎在城外山间，不敢轻进。张伾大急，让人把告急信绑在风筝上，向援军方向放飞。田悦看到风筝，命令善射的士兵把风筝射下来，无奈风筝太高，没有成功。马燧拿到风筝后，当即全力进攻，终于击退田悦，解了临洺之围。

谋听计行

拼　音 móu tīng jì xíng

解　释 犹言言听计从。形容对某人十分信任。

出　处 宋·王令《读〈孟子〉》：“然后天下之君，下堂去席，引手倒耳，以倾就其说而谋听计行。”

幕里红丝

拼　音 mù lǐ hóng sī

解　释 原指唐朝宰相张嘉贞想招郭元振为女婿，让他用“幕里牵红丝”的方法选择女儿。后比喻选妻。也作“红丝结褵”“绣幕牵丝”。

出　处 五代·王仁裕《开元天宝遗事·牵丝娶妇》：郭元振少时，美风姿，有才艺，宰相张嘉贞欲纳为婿……张曰：“吾女各有姿色，即不知谁是匹偶，以子风骨奇秀，非常人也，吾欲令五女各持一丝，幔前使子取便牵之，得者为婿。”元振欣然从命，遂牵一红丝线，得第三女。”后以“幕里红丝”。指择婿。

示　例 屏间孔雀人难中，幕里红丝谁敢牵？（元·高明《琵琶记·奉旨招婿》）

参看【红丝结缡】条目。

扪隙发罅

拼　音 mén xì fā xià

解　释 扪：摸；罅：裂缝。寻找缝隙。指寻找可乘之机

出　处 宋·王令《答刘公著微之书》：“今夫人爵，人之求者，犹研精苦思，扪隙发罅，以窥求门户，虽所学固不中节，然张巧射中之心不为不勤矣。”

名实不副

拼　音 míng shí bù fù

解　释 名：名称；副：相称，相符合。名声和实际不相符。指空有虚名。

出　处 东汉·班固《汉书·王莽传上》：“宰衡官以正百僚、平海内为职，而无印信，名实不副。”

民穷财匮

拼　音 mín qióng cái kuì

解　释 人民穷困，国家财富也消耗完了。

出　处 明·施耐庵《水浒全传》第九十一回　宋公明兵渡黄河　卢俊义赚城黑夜："本处万山环列，易于啃聚，又值水旱频仍，民穷财尽，人心思乱。"

马陵书树

拼　音 mǎ líng shū shù

解　释 为神机妙算、克敌制胜之典故

出　处《史记·孙子吴起列传》："孙子度其行，暮当至马陵。马陵道陕，而旁多阻隘，可伏兵，乃斫大树白而书之曰：'庞涓死于此树之下'……庞涓果夜至斫木下，见白书，乃钻火烛之。读其书未毕，齐军万弩俱发，魏军大乱相失。庞涓自知智穷兵败，乃自刭。"后因以"马陵书树"为神机妙算、克敌制胜之典。亦作"马陵削树"。

示　例《全后周文·周大将军上开府广饶公郑常墓志铭》："平阴听乌，马陵书树。气视回津，星占飞步。火断羌营，沙崩贼路。"

"马陵"可参看【兵临城下】条。

N

男大当婚，女大须嫁

拼　音 nán dà dāng hūn，nǚ dà xū jià

解　释 婚：指男子娶妻。指男女长大成年当须婚嫁。

出　处 清·名教中人《好逑传》第八回：“古语说得好，男大当婚，女大须嫁……只因他屡屡来求，难于拒绝，故我劝侄女嫁他。”

狞卒肥骖

拼　音 níng zú féi cān

解　释 狞，凶猛，样子凶恶。骖，驾在车前两侧的马或指驾三匹马。描述的宋江等人入城时威武气势。

出　处 北宋·李若水·《捕盗偶成》：去年宋江起山东，白昼横戈犯城郭。杀人纷纷翦草如，九重闻之惨不乐。大书黄纸飞敕来，三十六人同拜爵。狞卒肥骖意气骄，士女骈观犹骇愕。今年杨江起河北，战阵规绳视前作。嗷嗷赤子阴又言，又愿官家早招却。我闻官职要与贤，辄啖此曹无乃错。招降况亦非上策，政诱潜凶嗣为虐。不如下诏省科徭，彼自归来守条约。小臣无路扪高天，安得狂词裨庙略。

附　注 李若水（1093—1127）河北曲周县人。徽宗宣和四年（1122），为元城（今大名县）尉，调平阳府司录，济南府教授，除太学博士。钦宗靖康元年（1126），为太常博士。既而使金，迁著作佐郎。使还，擢尚书吏部侍郎兼权开封府尹。二年，从钦宗至金营，金人背约，逼钦宗易服，若水敌不屈残杀，时年三十五。谥号忠愍。有《忠愍集》，《直斋书录解题》著录十二卷。

《捕盗偶成》是李若水在元城县尉任上所作纪实诗，此诗的发现，确证了宋江等三十六人在大名府接受朝廷招安的史实，终结了学界关于宋江招安与否的论争。此诗作于宣和五年，时元城县附郭（指县治所与府治所设置于同一城池内的状态）于大名府城内，作为元城尉的李若水亲眼目睹了宋江义军进大名府城接受招安的情景，有感而作。

泥古执今

【拼音】nì gǔ zhí jīn

【解释】泥：拘泥；执：执拘，约束限制。比喻用古代的陈规硬套今天的事物。

【出处】清·名教中人《好逑传》第十六回：“于此礼不遵，而泥古执今，不独失礼，竟可谓之不臣矣。”

匿情求名

【拼音】nì qíng qíu míng

【解释】隐瞒真情以求好的名声。

出　处 《汉书·王莽传》载，王莽封候后，爵位越尊贵，节操越谦逊，经常把车马衣裘供给宾客友人，自家没有多余的东西。王莽好客，收养名士，交结将、相、卿大夫等多人。其兄王永早死，留有儿子王光，自幼由王莽抚养，就学于博士门下。莽趁休假日离家，捧带羊羔美酒慰问老师，惠施所有同学。人们为之赞叹。王莽还让其子王宇与王光同日结婚，席间，他几次侍奉老夫人服药，以显其孝。他曾暗自买一侍婢，对人说："后将军朱子元无子，我听说这类婢子能多生儿子，因此为他买下的。"当天就把此婢奉赠朱子元。其匿情求名到了如此程度。

赧颜汗下

拼　音 nǎn yán hàn xià

解　释 脸发红，额头流汗。形容羞愧到了极点。

出　处 明清·明教中人《好逑传》第七回："公子誉过之情，令人赧颜汗下。"

示　例 一见到她的到来，他不觉就赧颜汗下。

碾驴鞍判

拼　音 niǎn lǘ ān pàn

解　释 见【诗文判状】条目

牛羊被野

【拼 音】niú yáng pī yě

【解 释】“被”古同“披”，覆盖。牛羊像棉被一样覆盖在草原上。比喻社会经休养生息后，经济发展，人民富足，一派和平安乐情形。

【出 处】宋·王说《唐语林·政事林》：“郭尚书元振（今大名人，详见《人物·群体》），在凉州五年，令行禁止，牛羊被野，路不拾遗。”

【示 例】

（宋辽边境）“生育蕃息，牛羊被野，戴白之人（白发年迈之人），不识干戈。”

能言快说

【拼 音】néng yán kuài shuō

【解 释】能说会道，言词敏捷爽利。同“能言快语”。

【出 处】明·施耐庵《水浒传》第八十一回：“原来这李师师是个风尘妓女，见了燕青这表人物，能言快说，口舌利便，倒有心看上他。”

P

屁滚尿流

【拼　音】pì gǔn niào liú

【解　释】形容惊慌到极点而失去自禁。

【出　处】明·施耐庵《水浒全传》第六十六回 时迁火烧翠云楼 吴用智取大名府："耍和尚烧得头焦额烂，麻婆子赶得屁滚尿流。"

【示　例】那小船上的水手，吓得屁滚尿流。（清·钱彩《说岳全传》第二十八回）

披枷带锁

【拼　音】pī jiā dài suǒ

【解　释】指罪犯套上枷锁等刑具。本文出处"枷锁"指学人心内的观念束缚，众生观念中的条条框框、心灵的羁绊。

【出　处】唐·三圣慧然《临济慧照玄公大宗师语录》："或有学人。披枷带锁出善知识前。善知识更与安一重枷锁。学人欢喜。彼此不辨。呼为客看客。"

【示　例】明·吴承恩《西游记》第六十二回："正行时，忽见十数个和尚，一个个披枷戴锁，沿门乞化。"

披裘负薪

拼　音 pī qiú fù xīn

解　释 裘：皮毛衣服。穿着裘褐，背着柴薪。形容志高行洁的隐士。

出　处 东汉·王充《论衡·书虚》："吾当夏五月，披裘而薪，岂取金者哉！"

示　例 唐·王绩《游北山赋》："勿据梧而策杖，亦披裘负薪。"

瓶罄罍耻

拼　音 píng qìng léi chǐ

解　释 瓶、罍：都为盛酒器。小者为瓶。大者为罍，类似坛，二者相辅为用。罄：空。小瓶没有了酒，大瓶亦引以为耻。① 比喻人民穷了，是当政者的耻辱。后喻两者关系密切，休戚相关，彼此利害一致。② 形容物伤其类。

出　处 三国·魏·曹丕《又与吴质书》："从我游处，独不及门，瓶罄罍耻，能无怀愧？"

庾信《思旧铭》："麟止星落，月死珠伤。瓶罄罍耻，芝焚蕙叹。"

附　注 这是吴质任元城（今大名县）令时，与魏太子曹丕经常来往信件之一。

迫不得已

拼　音 pò bù dé yǐ

解　释 被逼得没有办法，不得不这样。

出　处 《汉书·王莽传上》："为皇帝定立妃后，有司上名，公女为首，公深辞让，迫不得已然后受诏。"

示　例 清·梁启超《意大利建国三杰传·结论》："吾之言爱国也，得毋为名乎，得毋为利乎，是毋为事势迫不得已乎。"

被甲枕戈

拼　音 pī jiǎ zhěn gē

解　释 身穿坚甲，头枕兵器。指处于高度戒备状态。

出　处 《新五代史·杂传十二·刘词》："词居暇日，常被甲枕戈而卧。"

附　注 刘词，字好谦，五代时元城（今大名）人，曾适后梁唐晋汉周五朝的武职，以勇悍知名。后唐庄宗李存勖攻打魏博（今大名），立有军功，授效军节使。李从珂即位，选为禁军校，率兵大破张从宾，擢奉国第一军都虞侯。石敬塘称帝，讨伐安从进，因功升任泌州团练使。刘词在不打仗时，晚上睡觉也身穿铠甲，头枕戈矛，时常保持临战状态。别人不解，他说：我从刀口枪尖上取的富贵，岂能一日忘记。

后汉时曾随郭威平定李守贞叛乱，当时李守贞曾命数千敢死士兵偷袭汉军，众将都不知所措，唯有刘词镇定自若，亲自引兵击退。

后周时，世宗与北汉契丹联军战于高平，刘词的后军即使赶到才决定了最后的胜局。

刘词虽是武将，但从不苛政扰民，还能够知人善任，北宋名相赵普就是经他推荐才得以入仕的。

显德二年（955）卒，年六十五，赠中书令，谥号忠惠。

破国杀万

【拼　音】pò guó shā wàn

【解　释】比喻乱杀无辜的行为。

【出　处】《新五代史》皇甫晖，魏州人也。乃夜焚贝州以入于魏，在礼以晖为马步军都指挥使。晖拥甲士数百骑，大掠城中，至一民家，问其姓，曰："姓国。"晖曰："吾当破国！"遂尽杀之。又至一家，问其姓，曰："姓万。"晖曰："吾杀万家足矣。"又尽杀之。

骗口张舌

【拼　音】piàn kǒu zhāng shé

【解　释】搬弄唇舌。亦作"片口张舌"。

【出　处】元·无名氏《马陵道》第四折："你道是同心共胆，还待要骗口张舌，我只问你三回两歇，怎送的我二足双瘸！"

【示　例】《金瓶梅词话》第八三回："娘不打与你这奴才几下，收他骗口张舌，葬送主子。"明·无名氏《南牢记》第二折："听了你骗口张舌无大小，卖弄美貌妖娆。"

蓬头赤脚

【拼　音】péng tóu chì jiǎo

【解　释】头发蓬乱，光着脚丫。形容未经修饰很不整齐的样子。

【出　处】明·名教中人《好逑传》第一回：“被人打得蓬头赤脚，衣裳粉碎。”

【示　例】清· 李宝嘉 《官场现形记 》第八回：“新嫂嫂蓬头赤脚，一定还要亲自替陶子尧打一条辫子，方容他走。”

擗踊拊心

【拼　音】pǐ yǒng fǔ xīn

【解　释】擗：以手拍击胸膛。踊：以足顿地。拊：敲击。指捶胸顿足，敲击心口，极尽悲哀。

【出　处】汉·扬雄《元后诔》“享国六十，殂落而崩，四海伤怀，擗踊拊心，若丧考妣，遏密八音。”

朴素无华

【拼　音】pǔ sù wú huá

【解　释】俭朴、不浮华。

出　处《元史·乌古孙泽传》："常曰：'士非俭无以养廉，非廉无以养德。'身一布袍数年，妻子朴素无华，人皆言之，泽不以为意也。"

附　注乌古孙泽，临潢人。其先女真乌古部。祖璧，仕金为明威将军、资用库使，从金主迁汴。汴城陷，转徙居大名。父仲，倜傥有奇节，遭金季世，愤无所施，用高言危行，亲交避之，遂纵酒阳狂以自晦，然教泽特严。泽性刚毅，读书举大略，一切求诸己，不事章句，才干过人。

Q

弃邪归正

【拼　音】qì xié guī zhèng

【解　释】不再干坏事，走上正路。

【出　处】明·施耐庵《水浒全传》第九十一回宋公明兵渡黄河 卢俊义赚城黑夜：“将军弃邪归正，与宋某等同替国家出力，朝廷自当重用。”

【示　例】鲁迅《南腔北调集·答杨邨人先生公开信的公开信》：“便称‘弃邪归正’，骂‘土匪’，杀同人，也激烈得很。”

青红皂白

【拼　音】qīng hóng zào bái

【解　释】皂：黑色。青、红、黑、白四色。比喻事情的是非或原因、来龙去脉、是非曲直。

【出　处】元末明初杂剧·无名氏《梁山七虎闹铜台》（也作《闹铜台》）：“也不管他青红皂白，左右！且拏一面大枷来，把他枷着送在牢中再做计较。”

【附　注】铜台即大名府郡名别称，可参看【白头相守】条目。

青蝇点素

拼音 qīng yíng diǎn sù

解释 青蝇：苍蝇，比喻进谗言的人；素：白色的生绢。苍蝇玷污素练。指小人用谗言诬害好人。

出处 《诗·小雅·青蝇》：“营营青蝇，止于樊，岂弟君子，无信谗言。”汉·王充《论衡·累害》：“清受尘，白取垢；青蝇所污，常在练素。”

示例 而青蝇点素，同兹在藩。（《后汉书·杨震传》）

器小易盈

拼音 qì xiǎo yì yíng

解释 器：器皿，容器。盈：满，器皿很小，容易装满。比喻酒量很小，稍饮即醉。后比喻人的心胸狭窄，不能容物。

出处 三国·魏·吴质《在元城与魏太子笺》：“前蒙延纳，侍宴终日……小器易盈，先取沈顿（醉困疲劳）。醒寤之后，不知所言。”

弃家报国

拼音 qì jiā bào guó

解　释 蒙古将王珍之事。

出　处 《元史·王珍传》。王珍，字国宝，大名府南乐人。受行营帅按只之命，为军前都弹压。宋军来攻，大名守将苏椿投降，王珍弃家出逃，走小路回到军中，按只称赞他的忠诚，认为义子。后蒙古军收复大名，王珍的妻子、女儿都无恙，王珍对她们说："我并不是丢弃你们不顾，实在是不想以私爱夺我报国之心。"闻听此言的人莫不称叹。

穷凶极恶

拼　音 qióng xiōng jí è

释　义 穷：极端。形容极端残暴凶恶。

用　法 作谓语、定语、状语；指极端残暴。

出　处 《汉书·王莽传第六十九下》："乃始恣雎，奋其威诈，滔天虐民，穷凶极恶，毒流诸夏，乱延蛮貉，犹未足逞其欲焉。"

穷心剧力

拼　音 qióng xīn jù lì

解　释 尽心尽力，全力以赴。

出　处 宋·王令《答刘公著微之书》："今夫穷心剧力，茫然日以雕刻为事，而不暇外顾者，其成何哉？"

示　例 《荷兰文化·作者简介》鲁成文，20世纪80年代中期毕业于武汉大学，现供职广东佛山市城市规划展馆，档案研究馆员。长期沉浸于古典音乐和德意志文化以及欧洲文明之美，也穷心剧力于以文字表达回赠感恩之情。

轻轻巧巧

拼　音 qīng qīng qiǎo qiǎo

解　释 轻便灵巧，简单容易。

出　处 清·名教中人《好逑传》第十五回："却说铁公子在西山读书，待到秋闱，真是才高如拾芥，轻轻巧巧，中了一名举人。"

示　例 阿来《尘埃落定》第十章："而只是用轻轻巧巧的两个字：失踪。"

窃簪之臣

拼　音 qiè zān zhī chén

解　释 比喻有一小技可解危难者。

出　处 汉· 王充 《论衡·逢遇》："或无伎，妄以奸巧合上志，亦有以遇者，窃簪之臣、鸡鸣之客是也。"

附　注 春秋时，楚国一善于偷窃者为楚将子发所礼遇。后齐师伐楚，子发兵败。善偷者乃行其技，递次窃得齐将军之帐、枕及簪。子发逐一使人归还，齐师大骇，恐楚人取其头，乃还师而去。（见《淮南子·道应训》），后用为典实。

示　例 有些人在团队里平时不显山露水，但在关键时刻就能大显身手，成为窃簪之臣。

轻财重义

拼　音 qīng cái zhòng yì

解　释 指轻视财利而看重道义。

出　处 汉·元王皇后《赐公孙弘子孙当为后者爵诏》：“股肱宰臣，身行俭约，轻财重义，较然著明。”

示　例 《北齐书·高乾矍》“少时轻侠，数犯公法，长而修改，轻财重义，多所交结。”

轻重倒置

拼　音 qīng zhòng dào zhì

解　释 把重要的和不重要的地位颠倒了。

出　处 宋·刘安世《尽言集·论韩玠差除不当第三》：“轻重倒置，有害政体。”

轻饶素放

拼　音 qīng ráo sù fàng

解　释 轻易地饶恕，白白地放过。

出　处 元·李文蔚《燕青博鱼》第一折："俺哥哥若有些好歹，我不道的轻饶素放了你也。"

示　例 《金瓶梅》第六十九回 招宣府初调林太太 丽春院惊走王三官　白回子道："不是。若是那里消息，怎肯轻饶素放？"常言说得好：乖不过唱的，贼不过银匠，能不过架儿。

耆儒硕老

拼　音 qí rú shuò lǎo

解　释 耆儒：德高的老儒。硕老：年高望重的博学之士。年高德劭的儒者。

出　处 扬雄《剧秦美新》："是以耆儒硕老抢其书而远逊。"

参看【剧秦美新】条。

情之所钟

拼　音 qíng zhī suǒ zhōng

解　释 钟：汇聚，专注。指痴情所向，十分专注。

出　处 《晋书·王衍传》："衍尝丧幼子，山简吊之。衍悲不自胜，简曰：'孩抱中物，何至于此！'衍曰：'圣人忘情，最下不及于情。然则情之所钟，正在我辈。'简服其言，更为之恸。"

西晋王衍（著名清谈家、书法家）担任元城（今河北大名东）县令

【示　例】明·冯梦龙《警世通言》卷三十："爹妈见说是皇亲，又曾来望，便不疑他。谁想情之所钟，解释不得。"

情生智隔，想变体殊

【拼　音】qíng shēng zhì gé，xiǎng biàn tǐ shū

【解　释】指人要是有了七情六欲，他的思想就会受到局限，视野就会变得狭隘，当他想有所作为的时候，能力也受到了限制。即当一个人融入感情时，就会缺少一定的理智。

【出　处】《临济录·三十九》"只为情生智隔，想变体殊，所以轮回三界，受种种苦。若约山僧见处，无不甚深，无不解脱。"

【附　注】《临济录》是记载中国禅宗临济宗创始人临济义玄的简历和禅话的集录，义玄晚年驻锡大名县兴化寺，并圆寂于此。详细内容可参看【棒喝齐施】【当头棒喝】等条目。

七损八伤

【拼　音】qī sǔn bā shāng

【解　释】形容损伤惨重。

【出　处】明·施耐庵《水浒传》第六十四回："后面伏兵齐起，这索超（北京大名府将）便有三头六臂，也须七损八伤。"又第一百九回："降者三万人，除那逃走脱的，其余都是十死九活，七损八伤，颠翻在地，被人马践踏，骨肉如泥的，不计其数。"

示 例 明·冯梦龙《警世通言》第十五卷："秀童的爹娘和姐夫李大都到了，见秀童躺在板门上，七损八伤，一丝两气，大哭一场，奔到县前喊冤。"

巧为奏

拼 音 qiǎo wéi zòu

解 释 讥讽人巧言媚上，谋取官职。

出 处 《汉书·王莽传上》：张（字伯松）为（刘）嘉作奏，请灭安众侯刘崇。于是莽大说。……封嘉为师礼侯，嘉子七人皆赐爵关内侯。后又封为淑德侯。长安为之语曰："欲求封，过张伯松；力战斗，不如巧为奏。"

释 义 王莽，字巨君，汉魏郡元城（今河北大名县）人。王莽代汉后，张为刘嘉上书，正中王莽心意，故封刘嘉为侯，嘉七子也受到恩泽，皆封关内侯。张也封侯。故京城人讽刺说：若要封侯，最好请张伯松帮忙，拼死战斗在沙场，不如其为你写一份奏章管用。

示例一 清·顾炎武《淄川行》："张伯松，巧为奏，大高牙拥前后。罢将印，归里中，东国有兵鼓逢逢。"

示例二 《党的建设》1994年10期 陈田贵《警惕"巧为奏"》：

在中国历史上，"巧为奏"的事是很多的。《修辞趣谈》记载这样一件事：曾国藩部下李次青，虽读过兵书，但不懂兵法，上战场屡吃败仗。曾国藩大怒，拟奏文要弹劾他，文中有"屡战屡败"一语。有个幕僚为保李次青，便在奏文递出时把"屡战屡败"改为"屡败屡战"。皇帝接到奏文一看，颇为感动，说："屡败尚能屡战，精神可佳，真不愧为忠君之臣。"于是，李次青便免遭治罪。"为奏"之巧，功能之大，由此可见一斑。不幸的是，今天善于“巧为奏”者大有人在。其表现形式，也可谓五花八门，远胜古人：有的人不干实际工作，把主要精力花在如何写报告上。

千里同风

拼　音 qiān lǐ tóng fēng

解　释 比喻天下太平。

出　处 汉·王充《论衡·雷虚》：“夫千里不同风，百里不共雷。”

千轴不如一书

拼　音 qiān zhóu bù rú yī shū

解　释 喻文章粗制滥造空洞冗长、做人虚张声势、好大喜功。

北宋文人柳开年轻的时候，尚气自任，贪图虚名。某年去参加科举考试，为了引起主考官的注意，他穿着象征士人身份的华丽衣服，还把自己撰写的数千轴文章用独轮车推着，直奔主考官面前。可是，主考官读了他的文章后，觉得意境一般，文采平平，远不如他那衣服漂亮。而另一位应试举子张景却沉着稳重，不事张扬，仅从衣袖内拿出一篇极短的文章交给主考官。谁知，主考官读后却拍案叫绝，连连称赞，立刻把张景的文章评为优等。“柳开千轴，不如张景一书”，一时被文人士子们传为趣谈。

沈括《梦溪笔谈》中记载的一件真人真事，给人的启迪是：衣服豪华，着装气派，并不能说明这个人身份高贵；文章千轴，车载斗量，也不能证明他肚里有多大学问。文章与衣着外表无关，学问与书籍厚薄无碍，一个人的才华，不在于富丽而更在于实质。当然，前提是这位主考官得拥有一双聪慧的眼、一颗正直的心、一杆公平的秤，不被表面现象所迷惑。

出 处 北宋·沈括《梦溪笔谈·卷九·人事》：“柳开少好任气，大言凌物。应举时，以文章投主司于帘前，凡千轴，载以独轮车。引试日，衣襕自拥车入，欲以此骇众取名。时张景能文有名，唯袖一书帘前献之。主司大称赏，擢景优等。时人为之语曰：“柳开千轴，不如张景一书。”

附 注 柳开（947—1000）北宋散文家。原名肩愈，字绍先（一作绍元），号东郊野夫；后改名开，字仲涂，号补亡先生，大名人。开宝六年进士，历任州、军长官，殿中侍御史，提倡韩愈、柳宗元的散文，以复兴古道、述作经典自命。反对宋初的华靡文风，为宋代古文运动倡导者。作品文字质朴，然有枯涩之病，有《河东先生集》。

七嘴八舌

拼 音 qī zuǐ bā shé

解 释 1.形容人多语杂。2.形容饶舌，多嘴。形容人多口杂，议论纷纷。也比喻让别人充分发表意见。

出 处 明·名教中人《好逑传》第五回：“众人正跑得有兴头上，忽被铁公子拦住，便七嘴八舌地乱嚷。”

千真万实

拼　音 qiān zhēn wàn shí

解　释 形容情况非常确实。

出　处 清·名教中人《好逑传》第九回："据叔叔说得千真万实，则是天地生人之性情，皆不灵矣，则是圣贤之名教，皆假设矣。"

穷理尽微

拼　音 qióng lǐ jìn wēi

解　释 指系统深入地研究事物的原理，以达到精深奥妙的境地。

出　处 三国·吴质·《答魏太子笺》："发言抗论，穷理尽微。"

权时制宜

拼　音 quán shí zhì yí

解　释 权时：1. 暂时，临时。2. 犹权宜。3. 审度时势。

制宜：1. 谓区别不同的情况而制定适宜的方式方法。斟酌形势随机应变。

出　处 汉·王充《论衡·答佞》："人操行无恒，权时制宜，信者欺人，直者曲挠。"

权变锋出

【拼　音】quán biàn fēng chū

【解　释】权变：因时因事灵活变通：多年官场生涯，使他深谙权变之术。锋出：1. 亦作“鏠出”。2. 纷纷出现。锋，通“蜂”。3. 犹锋发。指随机应变，锋芒毕露。形容言辞的辩捷锐利。

【出　处】汉·王充《论衡·答佞》：“此在其术中，吾不知也，此吾所不及苏君者，知深有术，权变锋出。”

【示　例】汉·荀悦《汉纪·武帝纪》：“朔对向响应，权变锋出，文章辞令横无穷，上颇倡优畜之。”

拳头上立得人，胳膊上走得马

【拼　音】quán tóu shàng lì dé rén, gē bó shàng zǒu dé mǎ

【解　释】比喻为人清白，作风正派，过得硬。

【出　处】元·李文蔚《燕青搏鱼》第三折：“我是个拳头上站得人，胳膊上走得马，不带头巾男子汉，丁丁当当响的老婆。燕大，我与你要见一个明白！”

【示　例】“我是一个不戴头巾男子汉，叮叮当当响的婆娘！拳头上立得人，胳膊上走得马，人面上行得人！不是那等搠不出的鳖老婆！”明·施耐庵《水浒全传》第二十三回。

R

染发纳后 外视自安

拼　音　rǎn fānà hòu　wài shì zì ān

解　释　王莽濒临末日而虚张声势之举的典故。

出　处　《汉书·王莽传》新莽地皇四年（23）三月，平林、新市、下江兵将王常、朱鲔等共立圣公刘玄为帝，改年号为更始元年，任命设置文武百官。王莽大为恐慌，为对外显示自己情绪安定，染黑胡须、头发，召见征选的天下淑女，将杜陵县史家的女儿纳为皇后，纳聘礼黄金三万斤，还有车马、奴婢、各种丝帛、珍宝等数以千万计。王莽亲迎于前殿两边台阶间，在上西堂内举行新婚共食之礼。配备和嫔、美御、和人三人，地位视同三公；嫔人九人，位同九卿；美人二十七，位同大夫；御人八十一，位同元士，共计一百二十人，都佩带印绶，手执弓袋。封皇后父史谌为和平侯，任命为宁始将军，史谌的两个儿子都作侍中。

枘圆凿方

拼　音　rùi yuán záo fāng

解　释　枘、凿，榫头与卯眼。一方一圆，则无法投合。比喻不调协，扞格不入。

出　处　《好逑传》第十五回："不过冥冥中若无作合，则日东月西，何缘相会，枘圆凿方，入于参差。”

若丧考妣

【拼　音】ruò sàng kǎo bǐ

【解　释】丧：死去；考：父亲；妣：母亲。好象死了父母一样伤心。

【出　处】汉·扬雄《元后诔》“享国六十，殂落而崩，四海伤怀，擗踊拊心，若丧考妣，遏密八音。”

【示　例】鲁迅《且介亭杂文——忆刘半农》“单是提倡新式标点，就会有一大群人若丧考妣”

热心肠

【拼　音】rè xīn cháng

【解　释】指对人热情、乐于替别人办事。

【出　处】清·名教中人《好逑传》第一回：“就是我热心肠与韦相公说了，韦相公也没本事去问他一声，看他一眼。”

睿谋

【拼　音】ruì móu

【释　义】皇帝的谋划。

【出　处】唐·元稹《谢准朱书撰田弘正碑文状》："伏以田弘正首变魏俗，彰先帝之睿谋；近入镇州，宣陛下之神武。"

【示　例】宋·刘斧《青琐高议·隋炀帝海山记下》："自陛下嗣守元符，体临大器，圣神独断，谏诤莫从，独发睿谋，不容人献。"《明史·仇钺传》："乞陛下睿谋独断，枭羣奸之首以谢天下，即枭臣之首以谢羣奸。"

人心皇皇

【拼　音】rén xīn huáng huáng

【释　义】"皇皇"同'惶惶'，惊恐不安。形容众人惶恐不安。

【出　处】宋·无名氏《新编五代史平话·唐史上》（唐天佑十二年）六月，晋王统大军入魏州城。贺德伦捧印节来献与晋王。晋王曰："孤提兵远来，只为抚安百姓，非欲广土地取符节也。"德伦又拜跪道："今梁寇密迩，人心皇皇，德伦势孤形弱，何以统服军旅？恐怕事出不测，怎不有负大王恩德？"晋王乃受印节。

【示　例】明·冯梦龙《东周列国志》第四回："公子吕又奏曰：'臣非虑失地，实虑失国也。今人心皇皇，见太叔势大力强，尽怀观望，不久都城之民，亦将贰心。主公今日能容太叔，恐异日太叔不能容主公，悔之何及？'"

人死留名

【拼　音】rén sǐ liú míng

释　义 指一个人不管遭遇任何的困难和危险，也要意志坚定地保护节操，至死都要保有原来的美名。

出　处 宋·无名氏《新编五代史平话·唐史上》：（唐天佑十二年·魏州之战）晋王使李存进为天雄都巡按使，出令道："军中有讹言煽惑人心，及强夺百姓一钱的，皆拿赴军前，枭首市曹。"由是一城肃然无敢犯的。七月，晋军近夜偃旗息鼓，使军士各衔枚以进，攻袭澶州。其刺史王彦章正在刘鄩军中，晋军尽获彦章的妻子家小。晋王好生待遇他，遣人招诱王彦章归晋。彦章怒骂道："人死留名，豹死留皮。大丈夫怎肯负人恩德！咱学取汉将王陵，宁复以家人为意？"遽命斩其使者，示无归晋心。

成语故事 五代时期名将王彦章，年轻时随梁太祖朱温转战各地；朱温死后，他又为即位皇帝朱友贞立下了汗马功劳。当时与后梁对敌的后唐，更是猛士如云。李克用、李存孝、李存勖、李嗣源、李存审、周德威，都是勇冠三军的一时名将，而王彦章就敢看不起他们。号称"善骑射，胆勇过人"的后唐庄宗李存勖（后唐定都魏州，今大名县），在王彦章眼中，不过是"何足惧"的"斗鸡小儿"。

唐天佑十二年（后梁乾化五年），晋王李存勖乘后梁魏州（今河北大名东北）兵变，出援节度使贺德伦，发动历史上著名的"魏州之战"。晋军自魏州自攻破澶州，俘虏了王彦章的妻子和儿女。为了诱降王彦章，晋军没有杀害他的亲人，饮食行居，待遇都很优厚。然后，晋国派出使者秘密进行劝降。王彦章拒不投降，毅然杀掉了晋国使者。帝朱友贞昏庸无能，朝政大事把持在一伙奸臣手里。这些人嫉贤妒能，使王彦章的军事才华不得施展，致使梁国连连失地。后来，当王彦章攻打后唐连续两次失败后，向来对他有反感的人趁机向末帝说王彦章的坏话，最后王彦章被罢免了兵权。不到半年，后梁江山不保，只好再度请出王彦章。一次，王彦章被唐兵活捉了，后唐庄宗李存勖很赏识他，想让他做将领，王彦章说："哪有当将领的人，早上替这个国家效力，晚上又为另一个国家做事的？

所以请大王给我一刀，我没有怨言，只会感到很荣幸。”最后虽然他还是死了，但是却留下了很好的名声。之前王彦章常常挂在嘴巴的一句话是“豹死留皮、人死留名”，而他也确实做到了。

示 例 清·钱谦益《和州鲁氏先茔神道碑铭》：教授公训戒子姓，每称引古语，”豹死留皮，人死留名”，斯其芳风流尘，顾不远与？

任贤使能

拼 音 rèn xián shǐ néng

解 释 任用有德行有才能的人。

出 处 汉·王充《论衡·自然》：“舜、禹承安继治，任贤使能，恭己无为而天下治。”

肉山酒海

拼 音 ròu shān jiǔ hǎi

解 释 极言酒肉饮食之丰。

出 处 三国·魏·曹植《与吴季重书》：“原举泰山以为肉，倾东海以为酒。”

示 例 明·施耐庵《水浒传》第八十二回：厅前大吹大擂，虽无炮龙烹凤，端的是肉山酒海。

日不移晷

拼　音 rì bù yí guǐ

解　释 颜师古注："晷，景（通"影"）也。言其速疾。"比喻只一刹那，非常迅速。

出　处 东汉·班固《汉书·王莽传上》："人不还踵，日不移晷，霍然四除，更为宁朝。"

示　例 宋·洪适《隶释·汉巴郡太守张纳碑》："日不移晷，收功献捷。"

又：元·郑光祖《倩女离魂》第三折："自到都下，攛过卷子。小官日不移影，应对万言，圣人大喜。"

辱门败户

拼　音 rǔ mén bài hù

解　释 指败坏门风，使家族受到耻辱。

出　处 元·李文蔚《燕青博鱼》第一折："哥哥，俺是甚等样人家，着他辱门败户。"

示　例 留此无益，不若逐回，庶免辱门败户。《清平山堂话本·刎颈鸳鸯会》

S

三瓦两舍

【拼　音】sān wǎ liǎng shè

【解　释】瓦、舍：宋、元时指妓院及各种娱乐场所。旧指富家子弟寻欢作乐的地方。

【出　处】明·施耐庵《水浒传》第六十回　吴用智赚玉麒麟 张顺夜闹金沙渡卢俊义分付道："小乙在家，凡事向前，不可以出去三瓦两舍打哄。"燕青道："主人如此出行，小乙怎敢怠慢？"卢俊义提了棍棒，出到城外。

【示　例】清·俞万春《荡寇志》第九十五回："那戴春生得风流花荡，三瓦两舍，大小赌场无不扬名。"

声势浩大

【拼　音】shēng shì hào dà

【解　释】广大。声威和气势非常壮大。

【出　处】明·施耐庵《水浒传》第六十三回　宋江兵打北京城　关胜议取梁山泊："如今宋江领兵围城，声势浩大，不可抵敌。"

【示　例】陈残云《山谷风烟》第11章："等我们回去后，再开展一场声势浩大的斗争。"

【附　注】北宋"北京城"指北京大名府。

叔事罗隐

【拼　音】shū shì luó yǐn

【解　释】唐末魏博节度使罗绍威礼敬大诗人罗隐的故事。

【出　处】《五代史补》：初，罗隐上中书之日，费窘，因抵魏谒邺王罗绍威，将入其境，先贻书叙其家世，邺王为侄。幕府僚吏见其书，皆怒曰："罗隐一布衣尔，而侄视大王，其可乎！"绍威素重士，且曰："罗隐名振天下，王公大夫多为所薄，今惠然肯顾，其何以胜，得在侄行，为幸多矣，敢不致恭，诸公慎勿言。"于是拥旆郊迎，一见即拜，隐亦不让。及将行，绍威赠以百万，他物称是，仍致书於镠谓叔父，镠首用之。

【译　文】大诗人罗隐到魏州见罗绍威时，写了一封书信，自叙家世，称罗绍威是自己的侄子。邺王府官吏都非常生气，道："罗隐一介布衣，竟敢视大王为侄子，实在无礼。"罗绍威却道："罗隐名满天下，素来瞧不起王公贵族，现在他能到我这里，让我做他的侄子，这是我的荣幸。"于是，罗绍威为罗隐举行隆重的欢迎仪式，亲自出城迎接，对他十分恭敬。等到罗隐要走时，给予重金。罗绍威又写信给吴越王钱镠，称罗隐是自己的叔父。

绍威伐木

【拼　音】shào wēi fá mù

【解　释】罗绍威在朱温手下为后梁运粮伐木之事。

【出　处】《旧五代史·梁书·罗绍威传》载，罗绍威身为魏博六州主帅，借朱温之手铲除自己牙军，引发了六州军变。朱温尽平六州，罗绍威追悔，自弱于人。数月后，朱温发动浮阳战役，罗督运粮草军需，自邺州至长芦五百里粮道，车轮滚滚，人担畜负无有间断。在魏州建元帅府，沿路修亭建驿，提供军需，未敢懈怠，为朱温做皇帝费尽心力。后梁开平年间，晋升为太师兼中书令，食邑万户，赐功臣之号。为消朱温猜忌，保全性命，终生未掌兵权。主动提出去太行为朱温伐木，赶造运输船三百艘，开通大河至洛口的水运线，每年运粮百万石，供应京城，直至病死。

神嚎鬼哭

拼　音 shén háo guǐ kū

解　释 形容大声哭叫，声音凄厉。

出　处 元·无名氏《马陵道》第二折：“可怎生神嚎鬼哭，雾惨云昏，白日为幽。”

示　例 清·曹雪芹《红楼梦》第五十八回“况且宝玉才好了些，连我们也不敢说话，你反打的人神嚎鬼哭的！”

食藿悬鹑

拼　音 shí huò xuán chún

解　释 谓生活穷苦。食藿，以豆叶为食；悬鹑，衣衫褴褛，似鹑鸟悬垂的秃尾。

出　处 明·冯梦龙《喻世明言》第八卷《吴保安弃家赎友》："臣今幸沾朱绂，而保安子天佑食藿悬鹑，臣窃愧之。"

附　注 吴保安，魏州贵乡（今河北大名县）人。参看【弃家赎友】条目。

是非曲直

拼　音 shì fēi qū zhí

解　释 曲（念一声）：无理。直：有理。事情的对错、有理或无理。指对事理的评断。

出　处 汉·王充《论衡·说日篇》："二论各有所见，故是非曲直未有所定。"

送君千里，终有一别

拼　音 sòng jūn qiān lǐ，zhōng yǒu yī bié

解　释 君：敬称对方；终：终究。送多远的路，终究要分别。

出　处 元·无名氏《马陵道》楔子："哥哥，送君千里，终有一别，哥哥你回去。"

示　例 叶兆言《旧式的情感》：老人最害怕告别，送君千里，终有一别，祖父晚年时，每次和他分手，心里都特别难受。

诗文判状

拼　音 shī wén pàn zhuàng

解　释 五代时大名人罗绍威以诗判案的轶事。也作“碾驴鞍判”。

出　处 见《旧五代史·梁书·罗绍威传》：罗绍威身为邺王，主管邺地军政。他喜好诗文，政务明达，通谙管理官吏的方法。一天，一人在官府门前街道当中为驴整鞍，恰巧一辆牛车驶来，把放在地上的驴鞍碾坏了。这人一见火冒三丈，出手就殴打赶牛车的人。告到官府，罗绍威没有采取官府办案的一般程序，而是提笔用诗文作判决：“邺城大道甚宽，何故驾车碾鞍？领鞴驴汉子科决，待驾车汉子喜欢！”大家都很赞成，认为这判决用词诙谐，但道理讲得恳切、恰当，合情合理。

素昧生平

拼　音 sù mèi shēng píng

解　释 彼此一向不了解。指与某人从来不认识。同“素昧平生”。

出　处 清·名教中人《好逑传》第十三回：“长兄又素昧生平，不知何故不惮一二千里之遥，跋涉到此？”

示　例 《官场现形记》第二八回：“时筱仁因彼此素昧生平，也乐得装作不知，以免拖累。”

深情厚意

拼　音 shēn qíng hòu yì

解　释 深厚的感情和友谊。

出　处 明·名教中人《好逑传》："铁公子本不欲留，因见过公子深情厚意，恳恳款留，只得坐下。"

示　例 邹韬奋《经历》："横溢着满纸的义愤和系念来安慰我们，未尝不深深地感到深情厚意，永不能忘。"

琐琐碎碎

拼　音 suǒ suǒ suì suì

解　释 零碎细小的事物。

出　处 清·名教中人《好逑传》第九回："又被镇守装模作样，琐琐碎碎，心下又好恼，又好笑。"

舒头探脑

拼　音 shū tóu tàn nǎo

解　释 伸头去探看。形容行为鬼鬼祟祟。

出　处 明·施耐庵《水浒传》第十六回 杨志押送金银担　吴用智取生辰纲："杨志却待再要回言，只见对面松林里影着一个人，在那里舒头探脑价望。"

示 例 明·凌蒙初《二刻拍案惊奇》第六回："只是舒头探脑，望里边一望，又退立了两步。"

鼠窜狼奔

拼 音 shǔ cuàn láng bēn

解 释 形容狼狈逃跑的情景。

出 处 明·施耐庵《水浒传》第六十五回 时迁火烧翠云楼 吴用智取大名府："此时大名城内百姓黎民，一个个鼠窜狼奔，一家家鬼哭神嚎。"

碎瑑赠人

拼 音 sùi zhuàn zèng rén

解 释 王莽真心与人结交之事。瑑：玉制剑鼻。（也作"王莽碎瑑"。）

出 处 《汉书·王莽传》载，王莽被黜刚回到封国新都，南阳太守因其地位尊贵选派府衙下属官员宛县人孔休担任新都相。孔休进见王莽，王莽以礼相待，主动结交，孔休亦闻其名声，便相与酬答。后来王莽生病，孔休前去问候，王莽为答谢此番情意，送与他一柄玉饰宝剑，想用以结欢交好。孔休不敢接受，王莽于是说："确实看到您脸上有伤痕，美玉可用以消除伤瘢，愿奉赠这块玉剑鼻罢了。"即解下剑上之瑑。孔休还是推辞不受。王莽说："你顾及它值钱吗？"就把这块剑瑑敲碎，亲手包裹起来送给孔休。孔休见他如此真诚，才把它收下。等到王莽被朝廷召去时，想会见孔休，孔休称病不肯相见。

誓死不从

拼　音　shì sǐ bù cóng

解　释　从：服从。发誓就是死也不服从。

出　处　清·名教中人《好逑传》第十七回：“宜之子誓死不从，而衣裳远避也。”

熟魏生张

拼　音　shú wèi shēng zhāng

解　释　张、魏：都是姓，这里泛指人。指认识的或不认识的人，亦作“生张熟魏”。

出　处　宋·沈括《梦溪笔谈》卷十六：“蜀人，魏野……北都有妓女，美色而举止生硬，士人谓之‘生张八’。……（魏）野赠之诗曰：‘君为北道生张八，我是西州熟魏三。莫怪尊前无笑语，半生半熟未相谙。’”

示　例　高阳《胡雪岩全传·红顶商人》：“顶着他的姓接纳生张熟魏，甚至当筵诉说她的嫁后光阴如何如何，或者这家人家的阴私家丑。”

附　注　宋朝时期，寇准镇守北都（指北京大名府），收蜀人魏野到门下。当时北都有一个漂亮而举止生硬的妓女，士人叫她生张八，来寇府聚会，寇准即兴要魏野作诗，魏野立即作诗："君为北道生张八，我是西州熟魏三。莫怪尊前无笑话，半生半熟未相谙。"

另外：大名一带民间有"张八燕儿""张八"一说，原指还没"出飞"的燕子，在窝里伸嘴等食的小燕子。比喻这个人火急火燎，耐不住性子。"张八燕儿"多是对性格开朗、行为开放、善于作秀活泼女性的一种昵称。

生儿育女

拼　音 shēng ér yù nǚ

解　释 指生育子女。

出　处 清·名教中人《好逑传》第三回："今日已成了夫妇之好，却说出钻穴偷相这等败伦伤化的言语来，叫我明日怎与你操持井臼，生儿育女？"

示　例 路遥《平凡的世界》第三卷第23章："建家立业，生儿育女，在广阔天地自得其乐。"

世扰俗乱

拼　音 shì rǎo sú luàn

解　释 社会骚乱，风气败坏。

出　处 汉·王充《论衡·治期》："世扰俗乱，灾害不绝，遂以破国亡身灭嗣。"

上下相安

拼 音 shàng xià xiāng ān

解 释 地位高的和地位低的相安无事。

出 处 《晋书·束皙传》：“今大晋熙，六合宁静……主无骄肆之怒，臣无麾缨之请，上下相安，率礼从道。”

示 例 清·李伯元《文明小史》第一回：“过了半载，倒也上下相安，除睡觉吃饭之外，其余一无事事。”

上不上，下不下

拼 音 shàng bù shàng，xià bù xià

释 义 形容进退两难。

出 处 《新唐书·季安传》：“鉴前之败，必不越魏诛赵；校罪轻重，必不先赵后魏。是上不上，下不下，当魏而来也。”

示 例 明·兰陵笑笑生《金瓶梅词话》第十七回：“娘子早是对我说，不然进入他家，如飞蛾投火一般，坑你上不上，下不下，那时悔之晚矣。”

附 注 “季安”，即田季安，唐末魏博节度使。参看【家僮决政】条。

书记翩翩

拼　音 shū jì piān piān

解　释 书记：记事的书面文字；翩翩：举止、风貌的洒脱优美。形容风格隽雅，文辞优美。

出　处 三国·魏·曹丕《与吴质书》：“公干有逸气，但未遒耳，其王言之善者，妙绝时人，元瑜书记翩翩致足乐也。”

示　例 唐·杨巨源《卢龙塞行送韦掌记》诗：“陈琳书记翩翩，料敌能兵夺酒泉。”

手到拈来

拼　音 shǒu dào niān lái

解　释 比喻事情很容易办到。

出　处 《水浒全传》第六十一回　吴用智赚玉麒麟 张顺夜闹金沙渡　吴用道：“小生凭三寸不烂之舌，尽一点忠义之心，舍互忘生，直往北京（大名府），说卢俊义上山，如探囊取物，手到拈来。只是少一个粗心大胆的伴当，和我同去。”

十三太保

拼　音 shí sān tài bǎo

濮阳县）。后梁龙德二年（922）二月，李存勖闻德胜危急，自幽州急行军五日至魏州，戴思远烧军营遁还杨村。因战事不断，魏州赋税拖欠甚多，一日，李存勖召司录济阴赵季良切责之，对曰："殿下方谋攻守，复务急征，一旦百姓离心，恐河北亦非殿下之有，况河南乎！"李存勖敛容致歉。

923年四月，李存勖在魏州（河北大名府）称帝，国号"唐"，史称后唐。同年十二月灭后梁，实现了对中国北方的大部统一。以勇猛闻名，但洞晓音律，能度曲。存词四首，载《尊前集》。926年死于兵变。

大太保李嗣源（866或867—933），后唐第二位皇帝，曾协助李存勖在魏州称帝建立后唐。926—933年在位。沙陀人，原名邈吉烈，以战功官至蕃汉内外马步军总管。后梁贞明三年（917年），契丹阿保机围攻幽州，李存勖命李存审、李嗣源救援，八月，大败契丹，献捷魏州。918年八月初一日，李存勖在魏州城郊阅兵，李嗣源将刑洺步骑万人参加。922年戴思远率梁军乘虚袭魏州，李嗣源自澶州引兵先至狄公祠，告知魏州早作防备。梁军至魏店（今大名县魏店村），李嗣源部将石万全挑战。因魏州有备，梁军西渡洹水，拔成安，大掠而去。后唐同光三年（925）正月十七日，唐庄宗车驾至兴唐府（后唐时东京兴唐府即今大名）。先前，李嗣源北征契丹，路经兴唐府，取府库御甲细铠五百副，副留守张宪因军情紧急，未及时奏请。唐庄宗大怒，以张宪不奉诏，罚俸一月。

后唐庄宗同光四年（926），邺都（魏州于923年升为东京，925年3月29日改为邺都，为副都，今河北大名）发生兵变，李嗣源率兵征讨。至魏州，所部哗变，与魏州叛军会合，共同拥戴李嗣源为主"帝河北"。李嗣源起初并无反意，遂托故逃出魏州城招集散兵，后在女婿石敬瑭的劝诱之下，才决心谋自立。于是，入汴州，击洛阳。此时后唐庄宗众叛亲离，为乱兵所杀。李嗣源入洛阳，被群臣拥戴监国，不久即皇位，改元天成。杀酷吏孔谦，褒廉吏，罢宫人、伶官，废内库，关心民间疾苦，人称"明宗之治"。其不通汉文，难亲理朝政。又兼用人不明，姑息藩镇，权臣安重诲跋扈，次子李从荣骄纵，以致变乱迭起。弥留之际，从荣举兵反，饮恨而死。葬徽陵，谥圣德和武皇帝，庙号明宗。

二太保李嗣昭，字益光。五代后唐著名将领，参与收复潞州、援兵沧州、平叛李瑭、太原解围、攻潞州、胡柳之战、抗击契丹、征张文礼等大小战役。曾节制泽、潞两州，先后担任司徒、太保、侍中、中书令等职。庄宗即位后，被封太师、陇西郡王。唐光化二年（899）三月，刘仁恭攻魏州，罗绍威遣使与李克用修好，请相救。十九日，李克用遣李嗣昭将兵来救，而刘仁恭已败，罗绍威复与李克用绝交，李嗣昭引兵还。918年八月初一日，李存勖在魏州城郊阅兵，李嗣昭将泽路步骑万人参加。天佑十九年（922），在征镇州张文礼时中箭身亡。

四太保李存信（862—902），本姓张，回鹘人，唐末河东镇将领。早年为牧羊奴，聪慧机敏而多计谋，通晓四夷语言，识别六蕃书，懂兵势，善战事，成为沙陀军李国昌的亲信。李克用剿灭黄巢时，李存信一直跟随作战，屡有功勋，被李克用收为义子，赐名李存信，大顺元年与李存孝击张浚军于平阳。后李存信为蕃汉都校。乾宁三年（896）闰正月，李克用遣李存信率万骑假道于魏（今河北大名北）以救兖、郓。存信驭众不严，欺凌魏人，加上朱全忠挑拨，魏博节度使罗弘信发兵三万夜袭晋军，存信折兵什之二、三，委弃资粮兵仗万数。九月李存信攻下临清，乘胜进抵魏州北门。十月，李克用亲带大军在魏州西白龙潭击败罗弘信军。897年闻兖州、郓州皆陷落，乃班师回河东。八月，跟从李克用讨伐刘仁恭，败。此后，李存信锐气全无，经常称病，不再随从李克用出战。李克用以兵权授与李嗣昭，只封李存信为右校。天复二年（902）十月，因病死于晋阳，死时41岁。

五太保李存进（856—922），山西代北振武人，原名孙重进，五代时为晋王李克用养子。天祐十二年（915），平定天雄镇（今大名），授天雄军都巡按使。当时天雄军初附，有军士合谋骚动。李存进沈厚果断，犯令者枭首尸于市，诸军士无不惕息，靡然向风。天祐十六年（919），李存进以本职兼领振武节度使，赐宝马御衣，进检校太保，兼天雄军马步都指挥使。

六太保李嗣本，雁门人，本姓张。乾宁中，从征李匡俦为前锋，与燕人战，得居庸关，以功为义儿军使，因赐姓名。从讨王行瑜，授检校刑部尚书，改威远、宁塞等军使。五年，讨罗宏信于魏州，嗣本为前锋，师还，改马军都将。从李嗣昭讨王晖于云州，论功加检校司空。汴将李思安之围潞州也，从周德威军于余吾，嗣本率骑军日与汴人转斗，前后献俘千计，迁代州刺史。六年，从攻晋、绛，为蕃汉副使都校。及武皇丧事有日，嗣本监护其事，改云中防御使、云蔚应朔等州都知兵马使，加特进、检校太保。九年，周德威讨刘守光，嗣本率代北诸军、生熟吐浑，收山后八军，得纳降军使卢文进、武州刺史高行珪以献。幽州平，论功授振武节度使，号“威信可汗”。十二年，后唐庄宗定魏博（今大名），刘鄩据莘县，命嗣本入太原巡守都城，十三年，从破刘鄩于故元城（今大名），收洺、磁、卫三郡。六月，还镇振武。八月，契丹安巴坚倾塞犯边，其众三十万攻振武，嗣本婴城拒战者累日。契丹为火车地道，昼夜急攻，城中兵少，御备罄竭，城陷，嗣本举族入契丹。有子八人，四人陷于幕庭。嗣本性刚烈，有节义，善战多谋，然治郡民，颇伤苛急，人以此少之也。

七太保李嗣恩，本姓骆，吐谷浑人。先后参与了征王行瑜、征康怀英、征王景仁、征刘鄩、魏州（今河北省大名县）之战等大小战役。曾任铁林军将、突阵指挥使、左厢马军都指挥使、辽州刺史、天雄军（驻魏州，今河北省大名县）马步都指挥使、代州刺史、石岭关以北都知兵马使、振武节度等职。天祐十五年（918）去世，后被追封为“太尉”。

八太保李存璋，生年不详，卒于后梁龙德二年（922），字德璜，五代云中人，军事将领。先后追随李克用及其子李存勖，戎马一生。唐僖宗乾符二年（876），李克用任云中守捉使，李存璋为其将校。因云州防御使段文楚削减军食，诸军不满，李存璋等借机纠集万人，发动兵变，拥李克用入云州，杀段文楚。唐中和二年（882），李克用率部协助唐廷镇压黄巢领导的农民起义。李存璋随军南下，因战功授国子祭酒，同时兼管万肚、雄威等军。

九太保李存审（862—924），原姓符名存，字德祥，陈州宛丘人，五代后唐名将。因被李克用收为义子并赐国姓，到后晋时其子符彦饶复归本姓。存审历经百战，未尝败绩。

后梁末帝乾化五年（915）指挥元城（今大名）会战。此年夏，李克用薨，继位晋王的李存勖决定进攻魏博（天雄军）派符存审出任前锋收服临清。八月，存审盘踞于魏县与仅仅相隔三十里的后梁军刘鄩争持，一日数战。九月中，率师五千平定贝州张源德；又与王建及合兵，用骑兵二千突袭敌阵侧翼，击退刘鄩援军万人。翌年三月，刘鄩军犯境魏州，已经会合庄宗的符存审率军截断其退路，双方在元城旧址开战，梁军溃败，符存审乘胜追击，趁势再收复了澶、卫、磁、洺州。至秋，邢州守将阎宝向符存审请降。庄宗以收服五州之功，授符存审安国军节度使兼邢洺磁等州观察使。十月，戴思远知符存审兵临沧州立刻闻风而逃，城将毛璋则开城投降。庄宗大喜，加授符存审检校太傅、横海节度使，兼领“魏博马步军都指挥使”。翌年再加同中书门下平章事之职。后梁贞明三年（917）丁丑，契丹阿保机围攻幽州，李存勖命李存审、李嗣源救援，八月，大败契丹，献捷魏州。后梁贞明四年（918）八月初一日，李存勖在魏州城郊阅兵，李存审率沧景步骑万人参加。

后梁龙德三年（923）正月，符存审在平定镇州叛乱后还师魏州，庄宗亲自出城以宴乐迎接。后驱逐北漠契丹，与周德威齐名。在欧阳修所撰的《新五代史》里，符存审是列传中唯一得以保留原本姓氏的人，其余获授国姓的众人皆被记载为李姓。

十太保李存贤（860—924），字子良，本姓王，名贤，许州人。少入黄巢军；武皇破贼陈、许，存贤来归。景福中，典义儿军，为副兵马使，因赐姓名。天祐三年，从周德威赴援上党，营于交口。五年，权知蔚州刺史，以御吐浑。六年，权沁州刺史。后转检校司空，真拜刺史。九年，汴人乘其无备，来攻其城，存贤击退之。十一年，授武州刺史、山北团练使。十二年，移刺慈州。七月，汴将尹皓攻州城，存贤督军拒战，汴军攻击百端，月余遁去。十八年，河中朱友谦来求援，命存贤率师赴之。十九年，汴将段凝军五万营临晋，蒲人大恐，咸欲归汴。或问于存贤曰："河中将士欲拘公降于汴。"厚贤曰："吾奉命河中，死王事固其所也。"汴军退，以功加检校司徒。同光元年（923），李存勖在魏州建立后唐，李存贤被授为右武卫上将军。十一月，入觐洛阳。二年三月，授检校太保，充幽州卢龙节度使。时契丹强盛，一日数战。存贤性忠谨周慎，昼夜戒严，不遑寝食，以至忧劳成疾，卒于幽州，时年六十五。诏赠太傅。

十一太保史敬思，唐末五代名将，骁勇善战，号称"白袍史敬思"。唐中和四年（884），李克用的军队再次大败黄巢，回师途中路过汴州，宣武节军度使朱温，嫉妒李克用强盛，萌发谋杀之心。邀请李克用入城，于上源驿馆设宴款待，礼貌恭敬，而李克用却盛气凌人，出言不逊。朱温即于当夜发兵围攻驿馆，李克用仓皇逃出，监军陈景思、大将史敬思及随从亲兵300余人罹难。

十二太保康君立（847—894）唐末五代将领。蔚州兴唐人。世为边豪，僖宗乾符年间，为云州牙校，后与薛铁山、程怀信、王行审等共推举李克用为大同军防御留后，授左都押牙。入关之后，参与镇压黄巢起义军。李克用镇守太原，他受任检校工部尚书，汾州刺使，昭义节度使等。昭宗景福二年（893），奉李克用之命进击李存孝，以功加检校太保，后为李克用所毒死。

十三太保李存孝（？～894），代州飞狐人，本姓安，名敬思，沙陀人。唐末五代著名猛将，武艺天下无双，勇力绝人，是李克用众多的"义儿"中的一个，因排行十三，故称为"十三太保"，而且也是十三太保中最出名的一个。古人言"王不过霸，将不过李！"霸，指西楚霸王项籍；李，指李存孝。史书记载"骁勇冠绝，常将骑为先锋，未尝挫败；从李克用救陈、许，逐黄寇，及遇难上源，每战无不克捷"。他在《残唐五代史演义》中的地位相当于《说唐传》中的赵王李元霸，天下无敌，人称飞虎将军。野史中曾说李存孝引领十八骑攻取了长安，虽说是夸张之词，但也能看出李存孝的勇猛，连第二名的王彦章在他手下都走不了几合。

《旧五代史》载："少于俘囚中得隶纪纲，给事帐中。及壮，便骑射，骁勇冠绝，常将骑为先锋，未尝挫败；从武皇救陈、许，逐黄寇，及遇难上源，每战无不克捷…存孝每临大敌，被重铠橐弓坐槊，仆人以二骑从，阵中易骑，轻捷如飞，独舞铁檛，挺身陷阵，万人辟易，盖古张辽、甘宁之比也。"《新五代史》"太祖掠地代北得之，给事帐中，赐姓名，以为子，常从为骑将……存孝猨臂善射，身被重铠，櫜弓坐槊，手舞铁檛，出入阵中，以两骑自从，战酣易骑，上下如飞。"

李存孝死后，李克用每次和诸将赌博，谈到李存孝都流泪不止。乾宁元年十月，昭义节度使康君立前赴晋阳拜见李克用。李克用会聚属下各位将领尽情饮酒，喝到兴头上，李克用谈起李存孝，泪水不停地往下流。

水断陆绝

拼　音 shuǐ duàn lù jué

解　释 水路和陆路都断绝了，指道路阻隔，不能相通。

出　处 宋·王令《与邵不疑书》："穷南之珠，极西之玉，山海之犀象，蜀里之锦，楚南荆北之材，天下之殊也，然皆水断陆绝。"

示　例 当代作家·霍振·小说《完美风景》："水断陆绝，家人殒命。"

三盈三虚

拼　音 sān yíng sān xū

解　释 盈：满。虚：空。指孔子的满门弟子，被少正卯讲学所吸引，多次离开孔子之门。形容讲学效果好，影响大。

出　处 汉·王充《论衡·讲瑞》：“少正卯在鲁，与孔子并，孔子之门三盈三虚，唯颜渊不出。”

示　例 梁启超《中国古代思潮》第三章：“行其所信，纠而正云斯亦可耳，而何至于杀，其毋乃以三盈三虚之故，变公敌而为私仇。”

十风五雨

拼　音 shí fēng wǔ yǔ

解　释 十天一刮风，五天一下雨。形容风调雨顺，气候适宜。

出　处 汉·王充《论衡·是应》：“风不鸣条，雨不破块，五日一风，十日一雨。”

示　例 斗酒只鸡人笑乐，十风五雨岁丰穰。（宋·陆游《村居初夏》诗）

束手就擒

拼　音 shù shǒu jiù qín

【解　释】束手：自缚其手，比喻不想方设法；就：受；擒：活捉。捆起手来让人捉住。指毫不抵抗，乖乖地让人捉住。

【出　处】《宋史·苻彦卿传》：“与其束手就擒，曷若死战，然未必死。”

【附　注】符彦卿（898—975）五代及北宋初期将领，与其父李存审（本姓符，存审被李克用收为义子并赐国姓）多次转战于魏州（今大名）并长期驻守于此，历经数战。

符彦卿一生中多次任职并受封于大名。后汉乾祐年间，封魏国公（封地即大名府境），拜守太保。后周太祖以彦卿为大名尹、天雄军（驻所今大名县）节度使，进封卫王。后周世宗拜彦卿太傅，改封魏王（封地即大名府境），仍为天雄军节度使。宋太祖建隆元年（960）符彦卿以天雄军节度使、魏王身份守大名府至太祖开宝二年（969）。宋真宗咸平初，符彦卿又为天雄军、邢州二钤辖。咸平三年，因病上奏朝廷求归京师，真宗诏遣中使、尚医驰传诊视。不久符彦卿才从大名府回京。

【示　例】宁王闹了两年，不想被新建伯王守仁一阵杀败，束手就擒。（清·吴敬梓《儒林外史》第八回）

四方八面

【拼　音】sì fāng bā miàn

【解　释】四方 ： 指东南西北四个方向。八面 ：指四方四隅；即东、南、西、北四方；东南、东北、西南、西北四隅。泛指周围。指周围各个方面或各个地方。

【出　处】唐·三圣慧然《临济慧照玄公大宗师语录·勘辨》：“因普化常于街市摇铃云。明头来明头打。暗头来暗头打。四方八面来旋风打。虚空来连架打。”

示　例 宋·释道原《景德传灯录·怀岳禅师》：“忽遇四方八面来怎么生？”宋·杨万里《过百家渡四绝句》之二：“莫问早行奇绝处，四方八面野香来。”

市无二价

拼　音 shì wú èr jià

解　释 买卖没有两种价钱，买卖公道，不欺骗人。形容社会风气好。亦作“市不二价”。

出　处 汉·王充《论衡·是应》：“男女异路，市无二价。耕者让畔，行者让路。”

杀人不眨眼

拼　音 shā rén bù zhǎ yǎn

解　释 杀人时眼睛都不眨一下。形容极其凶狠残暴。

出　处 宋·释普济《五灯会元·卷十一·南岳下七世南院颙禅师法嗣风穴延沼禅师》问：“如何是诸佛行履处？”师曰：“青松绿竹下。”问：“如何是大善知识？”师曰：“杀人不眨眼。”曰：“既是大善知识，为甚么杀人不眨眼？”师曰：“尘埃影里不拂袖，尽戟门前磨寸金。”

附　注 南院颙禅师（860～930），即南院慧颙（yóng）禅师，大名兴化寺临济宗第三代祖师，唐末五代人。此处禅师言“杀人不眨眼”非常人理解之意，乃临济宗“棒喝”之语，为截断学人之妄想，打破世人惯于的逻辑思维推理之常念，为“喝”醒众生之机锋。

示　例 清·陈忱《水浒后传》第二十四回“杨林是个杀人不眨眼的魔头，见了不觉毛发直竖，身子寒抖不定。”

收成弃败

拼　音 shōu chéng qì bài

解　释 趋附得势的人，轻视遭贬黜的人。

出　处 汉·王充《论衡·自纪》：“俗性贪进忽退，收成弃败。”

石火电光

拼　音 shí huǒ diàn guāng

解　释 形容事物象闪电和石火一样一瞬间就消逝。

出　处 唐·三圣慧然《临济慧照玄公大宗师语录》：“大德，到这里，学人著力处不通风，石火电光即过了也，学人若眼定动即没交涉。拟心即差，动念即乖，有人解者不离目前。”

死骨更肉

【拼 音】sǐ gǔ gèng ròu

【解 释】犹起死回生。形容医术高明，也比喻把已经没有希望的事物挽救过来。

【出 处】唐·牛肃《吴保安传》：“使亡魂复归，死骨更肉。”

三玄三要

【拼 音】sān xuán sān yào

【解 释】临济义玄禅师接引学人之方法。《临济录》上堂（大四七·四九七上）：“师又云：‘一句语须具三玄门，一玄门须具三要，有权有用。’”盖“一句语有玄有要”即是活语。

三玄三要，其目的乃教人须会得言句中权实照用之功能。后之习禅者于此三玄三要各作解释，而谓三玄即：1.体中玄，指语句全无修饰，乃依据所有事物之真相与道理而表现之语句；2.句中玄，指不涉及分别情识之实语，即不拘泥于言语而能悟其玄奥；3.玄中玄，又作用中玄。指离于一切相待之论理与语句等桎梏之玄妙句。又依人天眼目卷一所载汾阳善昭之说，三要之中，第一要为言语中无分别造作，第二要为千圣直入玄奥，第三要为言语道断。

【附 注】临济义玄禅师，唐末大名兴化寺高僧。可参看【棒喝齐施】条。

深更半夜

拼　音 shēn gēng bàn yè

解　释 深夜。

出　处 元·李蔚《燕青博鱼》第三折："兄弟，深更半夜，你唤我做什么？"

示　例 巴金《秋》："这样吵下去有什么意思？深更半夜，还闹得四邻不安的。"

屎头巾

拼　音 shǐ tóu jīn

解　释 谓妻妾有外遇。参见"屎盆儿"。

出　处 元·李文蔚《燕青博鱼》第二折："哥也，你是个好男儿，休戴着这一顶屎头巾。"

T

恬淡寡欲

【拼　音】tián dàn guǎ yù

【解　释】恬淡：安静闲适，不求名利；寡：少；欲：欲望。心境清静淡泊，没有世俗的欲望。

【出　处】三国·魏·曹丕《与吴质书》："而伟长独怀文抱质，恬然寡欲，有箕山之志，可谓彬彬君子者矣。"

【示　例】贫道原是恬淡寡欲的，可惜这个顽徒，道行未深，经过京城繁华地面，信手挥霍。（清·李绿园《歧路灯》第七十五回）

恬淡无欲

【拼　音】tián dàn wú yù

【解　释】心境清静淡泊，没有世俗的欲望。

【出　处】汉·王充《论衡·道虚》："世或以老子之道为可以度世，恬淡无欲，养精爱气。"

【示　例】《云笈七签》卷四十：恬淡无欲是一药，仁顺谦让是一药。

通家之谊

【拼　音】tōng jiā zhī yì

【解　释】指两家交情深厚，像一家人一样。

【出　处】明·冯梦龙《喻世明言》卷八："原来杨安居在郭元振门下做个幕僚，与郭仲翔虽未厮认，却有通家之谊；又且他是个正人君子，不以存亡易心。"

【示　例】现请闻先生为西席，通家之谊，极是便的是便的。（清·陈忱《水浒后传》第十九回）

唐店之功，不须多伐

【拼　音】táng diàn zhī gōng，bù xū duō fá

【解　释】讽刺打了败仗还说大话的人。

【出　处】《旧五代史·卷六十二·列传十四》：初，梁将杨师厚在魏州，文礼领赵兵三万夜掠经、宗，因侵贝郡。师厚先率步骑数千人，设伏于唐店。文礼大掠而旋，士皆卷甲束兵，夜凯歌，行至唐店，

师厚伏兵四面围合，杀戮殆尽，文礼单骑仅免。自尔犹对诸将大言，或让之曰："唐店之功，不须多伐。"

【释　义】梁朝将领杨师厚驻军魏州（今大名），张文礼率领赵州兵三万人夜袭经城县和宗城县，随后又侵扰贝郡。杨师厚先率步骑兵几千人，埋伏在唐店。张文礼大肆抢掠后率兵回来，士兵都捆扎起铠甲兵器，夜间行军还唱着凯歌。走到唐店，杨师厚的伏兵从四面包围过来，杀得张文礼全军覆没，只有张文礼一人骑马逃脱。此后，张文礼还对其他将领说

有人讥刺他说："唐店一战的功劳，不用再自我夸耀。"张文礼听
益惭。

调墨弄笔

拼　音 tiáo mò nòng bǐ

解　释 指玩弄文字技巧。

出　处 汉·王充《论衡·佚文》："天文人文，文岂徒调墨弄笔为美丽之观哉？载人之行，传人之名也。"

探竿影草

拼　音 tàn gān yǐng cǎo

解　释 探竿、影草，都是渔民使鱼聚集后下网捕捞之法。佛教禅宗借以喻启发性的随宜施教。

出　处 《镇州临济慧照禅师语录》："有时一喝，如踞地金毛狮子；有时一喝，如探竿影草；有时一喝，不作一喝用。"探竿影草略称探草。因其作用与目的，有不同解释：1.指探竿、影草皆为渔者之工具。探竿，系束鹈羽於竿头，探於水中，诱聚群鱼於一处，然後以网漉之。影草，系刈草浸水中，则群鱼潜影，然後以网漉之。此皆渔者聚鱼之方便法。2.指探竿、影草为盗者之道具。探竿，指盗者将之从窗、壁等洞穴插入，以探测室内动静之竹竿。影草，为可隐身之蓑衣，穿著之便於窃盗。又探竿影草，於禅家，引申为师家探测学人，以试其器量。

附　注 临济慧照禅师，即唐末驻锡大名兴化寺的临济义玄禅师。“慧照大师”是唐懿宗给他的谥号；《镇州临济慧照禅师语录》是《临济录》的全称。

推聋作哑

拼　音 tuī lóng zuò yǎ

解　释 指装作不闻不问，什么都不知道。同“推聋妆哑”。

出　处 元·无名氏《闹铜台》第二折：“我如今装醉如痴，推聋做哑，待时守分。”

跳出圈子

拼　音 tiào chū quān zi

解　释 比喻摆脱积久而形成的公式化的格式、体裁等。也比喻摆脱习惯势力、陈腐观念民加于人的无形枷锁。

出　处 明·施耐庵《水浒全传》第六十一回 吴用智赚玉麒麟张顺夜闹金沙渡：“两个斗不到三合，李逵托地跳出圈子外来，转过身，望林子里便走。”

示　例 赵盛基《跳出圈子才是路》：“可人与蚂蚁不同，应该懂得：有时候，跳出圈子才是出路。”

托古改制

【拼　音】Tuō gǔ gǎi zhì

【解　释】出处见【王莽改制】。

太岁头上动土

【拼　音】tài suì tóu shàng dòng tǔ

【解　释】比喻触犯强暴有力的人。

【出　处】汉·王充《论衡·难岁篇》："移徒法曰：'徒抵太岁凶，伏太岁亦凶。'"

天诛地灭

【拼　音】tiān zhū dì miè

【解　释】诛：杀死。比喻罪恶深重，为天地所不容。

【出　处】明·施耐庵《水浒全传》第十五回 杨志押送金银担 吴用智取生辰纲："我等六人中但有私意者，天地诛灭，神明鉴查。"

【示　例】"人不为己，天诛地灭"，是剥削阶级的人生观。

天生一对

【拼　音】tiān shēng yī duì

【解　释】指生来就注定为一对。

【出　处】明清·名教中人《好逑传》第十五回："真是天生一对，得此淑女，可谓家门有幸，亦于名教有光矣。"

【示　例】清·荑荻散人《玉娇梨》第十回："明明果是佳人才子，天生一对也，便是嫣素也觉风光。"

头藏尾露

【拼　音】tóu cáng wěi lòu

【解　释】把头藏起来，却露出尾巴。指露出身影。犹"藏头露尾"。

【出　处】元·李文蔚《燕青博鱼·楔子》："众小校听咱分付，今夜个该谁巡捕，黑地里悄语低言，不要您头藏尾露。遇官军须当杀退，若经商便将拏住。但违了某家将令，斩首级决无轻恕。"

拖天扫地

【拼　音】tuō tiān sǎo dì

解　释 形容衣服过长。

出　处 元·李文蔚《燕青博鱼》第三折：“穿的那衣服拖天扫地的，一脚踹着，不险些儿绊倒了。”

W

物是人非

【拼　音】wù shì rén fēi

【解　释】东西还是原来的东西，可是人已不是原来的人了。多用于表达时过境迁，因而怀念故人。

【出　处】三国・魏・曹丕《与吴质书》：“节同时异，物是人非，我劳如何！”

【示　例】宋・李清照《武陵春》词：“物是人非事事休，欲语泪先流。”

惘若有失

【拼　音】wǎng ruò yǒu shī

【解　释】惘：失意。神情颓丧，好像失去所爱所恋的样子。

【出　处】三国・魏・吴质《答东阿王书》：“精散思越，惘若有失，非敢羡宠光之休。”

【示　例】他那惘若有失的样子显示已经碰了软钉子了。

萎靡不振

【拼 音】wěi mǐ bù zhèn

【解 释】形容意志消沉。萎靡：精神颓丧；不振作；颓唐：消沉；振：振奋。

【出 处】宋·马永卿《元城先生语录》："至嘉祐末年；天下之事似乎舒缓；委靡不振；当时士大夫亦自厌之；多有文字论列。"

【附 注】元城先生即刘元城——刘安世，北宋哲宗谏议大夫，大名人，时人称"殿上虎"。马永卿【？—1136年后】字大年，其先合肥人，迁扬州，流寓铅山。北宋大观三年（1109）进士。刘安世谪亳州，寓永城，永卿为永城主簿，因往求教。又尝官於江都、淅川、夏县及关中。永卿追录安世语为《元城语录》三卷，附行录一卷，《懒真子》五卷，均《四库总目》行于世。

雾惨云愁

【拼 音】wù cǎn yún chóu

【解 释】指一种悲壮苍凉的气氛。

【出 处】元·无名氏《马陵道》第四折："诸国将皆来助战，喊杀处雾惨云愁。"

【示 例】清·钱彩《说岳全传》第二十七回："将遇将伤，兵逢兵死，直杀得天昏日暗，地裂烟飞，山崩海倒，雾惨云愁。"

舞文巧法

拼　音 wǔ wén qiǎo fǎ

解　释 故意玩弄文字，巧于利用法令，以达到邪恶的目的。

出　处 汉·王充《论衡·程材》：“长大成吏，舞文巧法，徇私为己，勉赴权利。”

示　例 台湾·林聪舜《酷吏群相——“缘饰以儒术”的真相》：“顺着这种刻薄不近人情的个性发展下去，少数清廉的酷吏也难免视生命如土芥，各种严酷的手段都使得出来，至于那些舞文巧法，循私贪戾的酷吏，就更不堪闻问了。”

万万千千

拼　音 wàn wàn qiān qiān

解　释 形容数量极多。

出　处 汉·王充《论衡·自然》：“天地安得万万千千手，并为物万万千千乎？”

示　例 叶圣陶《寒假的一天》：“他们预备散到各地去，把万万千千的心团结成一颗心呀。”

王莽谦恭

解　释 喻以伪善骗取信任。

出　处《汉书·王莽传上》：“（王）莽群兄弟皆将军五侯子，乘时侈靡，以舆马声色佚游相高，莽独孤贫，因折节为恭俭。上由是贤莽。永始元年，封莽为新都侯……迁骑都尉光禄大夫侍中，宿卫谨敕，爵位益尊，节操愈谦。”

王莽幼年时父亲王曼去世，很快其兄也去世。王氏家族是当时权倾朝野的外戚家族，王家先后有九人封侯，五人担任大司马，是西汉一代中最显贵的家族。族中之人多为将军列侯，生活侈靡，声色犬马，互相攀比。唯独王莽独守清净，生活简朴，为人谦恭。而且勤劳好学，师事沛郡陈参学习《论语》。他服侍母亲及寡嫂，抚育兄长的遗子，行为严谨检点。对外结交贤士，对内侍奉诸位叔伯，十分周到。这个世家大族中的另类，几乎都成为了当时的道德楷模，很快便声名远播。

示　例唐白居易《放言五首》之三：“周公恐惧流言日，王莽谦恭未篡时。”

附　注以王莽谦恭喻以伪善骗取信任。此旧时封建正统观点，今宜以历史唯物主义和辩证唯物主义观点来看待王莽。

无千无万

拼　音wú qiān wú wàn

解　释无：不论。成千上万，不计其数。

出　处明·施耐庵《水浒传》第十六回 杨志押送金银担 吴用智取生辰纲：“杨提辖，且住！你听我说：我在东京太师府里做奶公时，门下官军，见了无千无万，都向着我喏喏连声。”

示　例清·张南庄《何典》第二回：“那四面八方来看戏的野鬼，无千无万，几乎把一片势利场都挤满了。”

无以复加

【拼　音】wú yǐ fù jiā

【解　释】不可能再增加。指程度达到了极点。

【出　处】《汉书·王莽传下》："且令万世之后无以复加也。"

【示　例】清·王韬《瀛壖杂志》："其便捷之法，殆无以复加。"

无师自达

【拼　音】wú shīzì dá

【解　释】自达：自己通达。指没有老师的传授就能通晓。

【出　处】汉·王充《论衡·实知篇》"夫无所师友，明达六艺，本不学书，得文能读，此圣人也。不学自能，无师自达，非神如何？"

【示　例】唐·贾岛《送贺兰上人》诗："无师禅自解，有格句堪夸。"

无坚不摧

【拼　音】wú jiān bù cuī

【解　释】形容力量非常强大，没有什么坚固的东西不能摧毁。

【出　处】《旧唐书·孔巢父传》："（田悦）乃就宴，悦酒酣，自

矜其骑射之艺，拳略之勇，因曰：‘若蒙见用，无坚不摧。’

附　注 唐建中二年（781），镇州李维岳、淄青李纳请求承袭父职，朝廷不允。魏博（住所在今大名大街村一带）七州节度使田悦又代二人奏请，德宗仍不答应，田悦一气之下联合二李哗变。三镇之乱致使河北累年战祸，生灵涂炭。德宗于兴元元年（784）命孔巢父为宣慰使前往平乱。孔巢父置个人安危于度外，冒死赶赴魏博，向田悦力陈顺逆之福祸，情理俱备，打动军心，将士皆愿“还为王人”，终使田悦率众归降。

无所不包

拼　音 wú suǒ bù bāo

解　释 没有什么不被包括。形容包含的东西非常多。

出　处 东汉·王充《论衡》：“故夫大人之胸怀非一，才高知大，故其于道术，无所不包。”

纨袴膏粱

拼　音 wán kù gāo liáng

解　释 膏梁：肥肉和细粮；纨绔：细绢做的裤子。比喻富贵人家的子弟。

出　处 清·明教中人《好逑传》第十七回：“此犹曰纨袴膏粱之习，奈何过隆栋为朝廷重臣，以诗礼侍从朝廷，乃溺爱不明，竟以赫赫岩岩之势，公然逼臣于戌所！”

示 例 清·曹雪芹《红楼梦》第十六回：“宝钗笑道：‘真真纨袴膏粱之谈！我们虽是千金，原不知道这些事。’”

未可厚非

拼 音 wèi kě hòu fēi

解 释 厚非：过分责难、责备。不能过分责备。指说话做事虽有缺点，但还有可取之处，应予谅解。

出 处 《汉书·王莽传中》：“莽怒，免英官。后颇觉悟，曰：‘英亦未可厚非。’”

示 例 鲁迅·《三闲集·在钟楼上》

但叶遂宁和梭波里是未可厚非的，他们先后给自己唱了挽歌，他们有真实。

文而不华

拼 音 wén ér bù huá

解 释 有文才并且不是华而不实、不显耀。

出 处 宋·王令《上孙莘老书》：观其言，辩而当，质而不俚，文而不华。

五月飞霜

【拼音】wǔ yuè fēi shuāng

【解释】借指冤狱。

【出处】汉·王充《论衡·感虚》："邹衍无罪，见拘于燕，当夏五月，仰天而叹，天为陨霜。"

【成语故事】战国时期，燕昭王姬平请齐国的邹衍等贤人来帮助治理国家，燕国的部分人对邹衍不满，在燕王面前进谗言，让邹衍蒙冤入狱，当时正值盛夏六月，天降大风雪。燕王意识到邹衍的冤屈，就释放了他。

【示例】唐·李白《古风》："燕臣昔恸哭，五月飞秋霜。"

五侯七贵

【拼音】wǔ hóu qī guì

【解释】五侯：1. 公、侯、伯、子、男五等诸侯。2. 指同时封侯的五人。汉成帝封其舅王谭平阿侯、王商成都侯、王立红阳侯、王根曲阳侯、王逢时高平侯。见《汉书·元后传》。3. 指同时封侯的五人。东汉大将军梁冀擅权，其子梁胤、叔父梁让及亲属梁淑、梁忠、梁戟皆封侯。4.指同时封侯的五人。汉桓帝封宦者单超新丰侯、徐璜武原侯、左悺上蔡侯、具瑗东武阳侯、唐衡汝阳侯。

七贵：1. 指西汉时七个以外戚关系把持朝政的家族。《文选·潘岳<西征赋>》："窥七贵於汉庭，譸一姓之或在。"李周翰注："汉庭七贵：吕、霍、上官、丁、赵、傅、王（指王莽家族），并后族也。"唐·刘知几《史通·辨职》："昔鲁叟之修《春秋》也，不藉三桓之势；

汉臣之著《史记》也，无假七贵之权。”2. 隋末，洛阳人称段达、王世充、元文都、卢楚、皇甫无逸、郭文懿、赵长文为七贵。

泛指达官显贵。

出　处 唐·李白《流夜郎赠辛判官》诗：“昔在长安醉花柳，五侯七贵同杯酒。”

示　例 阿英《灯市》：“天子以至于五侯七贵，又为什么要提倡灯会呢？”

舞马衔杯

拼　音 wǔ mǎ xián bēi

出　处 唐·郑处诲《明皇实录》载，唐玄宗李隆基非常爱马，御厩里养着许多进贡来的好马。他还特地召请一批能干的艺师进宫来训练马匹。这些好马后来成为特殊的舞马。每天，这些雄姿焕发的高头大马被牵到御苑中，整齐地分成两排，在艺师的指挥下，训练马衔杯敬酒，并伴随着乐曲翩翩起舞，进退周旋，抑扬顿挫，无不曲尽其妙。

安史之乱后，这批舞马又落到魏博节度使田承嗣手里。田承嗣不知这批马的来历，就把它们全部编入战马之中，供骑兵作战时骑用。一日，田承嗣宫中设宴犒赏将士，高奏乐曲，这几匹舞马闻乐而舞。养马的兵士不知缘故，以为马中了妖邪，挥起扫帚便打；而舞马却以为主人嫌舞得不合拍节，愈发舞得起劲。管马军吏急忙将此怪异之事报告给田承嗣。田氏不明其故，下令狠加鞭打。不料鞭打愈狠，马就舞得愈整齐，最后竟被活活打死了。

示　例 职茵·《唐代“舞马衔杯”复活啦》：在很久以前，“舞马衔杯”只是一个遥远而神秘的传说。昨日，这种源自唐代、湮灭在千年时光中的著名马术技艺，重新在西安“复活”了。

昨日，在一群驯马姑娘的精心调教下，经过训练的马儿们衔起杯碗、时而凌空扬蹄、时而翩翩起舞，让人们第一次见识到失传千年后“舞马衔杯”绝技。

马儿衔杯起舞，听上去有些不可思议。虽然唐代文人骚客的诗词中曾有记载，但近百年来却从未有人见过此景象。1970年，西安市何家村出土了一件唐代文物：“舞马衔杯纹银壶”，证实了“舞马衔杯”确实存在。那么，“舞马衔杯”为什么失传？有一种说法是，安史之乱后，唐代宫廷的舞马被征做战马。可怜这些闻乐起舞的马被视作妖异，遭棒打毙命，唐代舞马随之灭绝。

X

学成文武艺，货与帝王家

【拼　音】xué chéng wén wǔ yì，huò yǔ dì wáng jiā

【解　释】这两句的意思是：“学习好了文才也罢，武艺也罢，最终目的都是贡献给皇帝，都要替朝廷出力”，也就是我国传统的儒家道德观念“学而优则仕”的意思。

【出　处】元·无名氏·杂剧《马陵道》“楔子”开头：“学成文武艺，货与帝王家。”

【示　例】明·冯梦龙《喻世明言》第十九卷：“陈辛曰：‘我正是学成文武艺，货与帝王家。’不数日，去赴选场，偕众伺候挂榜。”

盱衡厉色

【拼　音】xū héng lì sè

【解　释】盱衡：举眉扬目；厉：严厉；色：面色。横眉怒目，面色严厉。

【出　处】《汉书·王莽传》：“当此之时，公运独见之明，奋亡前之威，盱衡厉色，振扬武怒。”

【示　例】章炳麟《变法箴言》“今也，骏特傲党之士，丁时未至，盱衡厉色，悍然而为之，志固不遂，且危其身矣。”

信口雌黄

【拼　音】xìn kǒu cí huáng

【解　释】信：任凭，听任；雌黄：即鸡冠石，黄色矿物，用作颜料。古人用黄纸写字，写错了，用雌黄涂抹后改写。比喻不顾事实，随口乱说。

【出　处】晋·孙盛《晋阳秋》："王衍，字夷甫，能言，于意有不安故事。"

【附　注】西晋王衍（著名清谈家、书法家）担任元城（今河北大名东）县令时很少办公事，经常约人在一起没完没了地闲聊。他最喜欢老子和庄子的玄理，清谈时手里拿着鹿尾拂尘，侃侃而谈，经常前后矛盾，漏洞百出，有人质疑时，他随口更改，随心所欲。人们说他是"口中雌黄"。

【示　例】冯德英《迎春花》第二十一章："如果孙俊英按事实讲也没有什么，但是她加油添醋，信口雌黄，凭空捏造，极尽诬蔑挑拨之能事。"

相差无几

【拼　音】xiāng chā wú jǐ

【解　释】无几：没有多少。指二者距离不远，或差别不大。

【出　处】东汉·王充《论衡·明雩篇第四十五》：夫见在之水，相差无几，人君请之，终不耐行。况雨无形兆，深藏高山，人君雩祭，安耐得之？

【示　例】宋·苏轼《乞不给散青苗钱斛状》："二者皆非良法，相去无几也。"后多作"相差无几"。

绣幕牵丝

【拼　音】xiù mù qiān sī

见【幕里牵丝】和【红丝结褵】。

旋风笔

【拼　音】xuàn fēng bǐ

【解　释】形容文笔快捷。

【出　处】唐·冯贽《云仙杂记·旋风笔》：“魏博（驻魏州，今大名）田承嗣签治文案如流水，吏人私相谓曰：‘世罕有此旋风笔。’”

【附　注】田承嗣（705—779），字承嗣，平州卢龙（今河北卢龙）人，唐朝中期军阀，魏博镇节度使。

田承嗣行伍出身，原为安禄山部将，累功至武卫将军，随其反唐，并攻陷洛阳。安史之乱失败后在莫州降唐，并依靠仆固怀恩，被封为魏博节度使。田承嗣在魏博，不听朝廷诏令，俨若独立，朝廷为了笼络他，加封他为同中书门下平章事，赐爵雁门郡王，他却愈发骄纵。

大历十年（775），田承嗣占据相卫四州，使得朝廷征发诸镇征讨。田承嗣起初屡遭挫败，后暗中勾结李正己，离间李宝臣与朱滔，又上表请罪，最终得到朝廷赦免。次年，田承嗣又援助李灵曜叛乱，并在其失败后再次上表请罪。

田承嗣占据魏博相卫洺贝澶七州，拥兵五万，朝廷难以调动，藩镇割据日渐严重。大历十四年（779），田承嗣病死，并将节度使之位传于侄子田悦，开藩镇世袭之先例。

悬崖峭壁

【拼　音】xuán yá qiào bì

【解　释】峭壁：陡直的石壁。形容山势险峻。

【出　处】明·施耐庵《水浒全传》第八十六回 宋公明大战独鹿山 卢俊义兵陷青石峪 ：“四面尽是高山，左右是悬崖峭壁，只见高山峻岭，无路可登。”

悬购旦射

【拼　音】xuán gòu dàn shè

【解　释】王莽畏惧刘縯之事。

【出　处】《后汉书·宗室四王侯列传》：齐武王縯字伯升，光武之长兄。性刚毅，慷慨有大节。自王莽篡汉，常怀复汉之虑。莽末，天下乱，刘縯起兵反汉，连败莽军，縯军克宛，自号为柱天大将军。王莽素闻縯名，大惧悬购拿，赏金十万斤，位上公，封五万户。又令长安中官署及天下乡亭皆画刘縯像，旦起射之。

衔尾相随

【拼　音】xián wěi xiāng suí

【解　释】衔：马嚼子；尾：马尾巴。马嚼子接着马尾巴。形容一个紧跟着一个，成单行前进。

【出　处】《汉书·匈奴传》第六十四下

（王）莽将严尤谏曰："臣闻匈奴为害——又累辎重，如遇险阻，衔尾相随，虏要遮前后，危殆不测，此五难也。大用民力，功不可必立，臣伏忧之。今既发兵，宜纵先至者，令臣尤等深入霆击，且以创艾胡虏。"莽不听尤言，转兵谷如故，天下骚动。

象耕鸟耘

【拼　音】xiàng gēng niǎo yún

【解　释】传说舜死苍梧，象为之耕；禹葬会稽，鸟为之耘。后用以形容民俗古朴，有舜禹时代的遗风。

【出　处】王充《论衡·书虚》："舜葬于苍梧，象为之耕；禹葬于会稽，鸟为之田。"

《文选·左思〈吴都赋〉》："象耕鸟耘，此之自与。"李善注引《越绝书》："舜死苍梧，象为之耕；禹葬会稽，鸟为之耘。"一说，耕者以象行为法，耘者如鸟之啄食。

【示　例】北魏·郦道元《水经注·河水一》："恒水又东迳蓝莫塔，塔边有池……此中空荒无人，群象以鼻取水洒地，若苍梧、会稽象耕鸟耘矣。"

雄辩强据

【拼　音】xióng biàn qiáng jù

【解　释】雄健的辩论口才，强有力的证据。

【出　处】宋·王令《代韩退之答柳子厚示浩初序书》：“又间得子厚文，皆雄辩强据，渊源衍长。”

邂逅不偶

【拼　音】xiè hòu bù ǒu

【解　释】碰巧不遇合，意外不成功。

【出　处】汉·王充《论衡·定贤》：“荆柯入秦之计，本欲劫秦王生致于燕，邂逅不偶，为秦所擒。”

【示　例】宋·叶適《陈秀伯墓志铭》“夫亲遇明主，干说悟意，九筵之室可陛而登，扊省之歌可飏而赓也，尚邂逅不偶；况一夫之取舍，何足动心乎！”

心心相印

【拼　音】xīn xīn xiāng yìn

【解　释】佛教语，彼此的心意不用说出，就可以互相了解。形容彼此思想感情完全一致。心：心意，思想感情；印：符合。彼此的心意不用说出，就可以互相了解。形容彼此思想感情完全一致。

出　处 临济义玄（唐末大名县兴化寺禅师）主张“以心印，心心不异”，后世有 “心心相印”一说。临济义玄主张“以心印，心心不异”，后世有 “心心相印”一说。

《临济录》和《祖堂集》卷十九、《景德传灯录》卷十二、《五灯会元》等记载了他的生平事迹和禅法。

心灵性巧

拼　音 xīn líng xìng qiǎo

解　释 心思灵巧。

出　处 清·名教中人《好逑传》第四回：“不料舍侄女心灵性巧，恐勾出祸来，就转过口来，要我认做亲父，方肯相从。”

示　例 清·李汝珍《镜花缘》第三十六回：“众工人虽系男装，究竟是些妇女，心灵性巧。”又第五十九回：“更喜他心灵性巧，书到跟前，一读便会。”

乡曲之情

拼　音 xiāng qū zhī qíng

释　义 乡曲：乡里。同乡的情谊。

出　处 唐·牛肃《吴保安》：“侧闻吾子急人之忧，不遗乡曲之情，忽垂特达之眷，使保安得执鞭弭，以奉周旋。”

附　注 吴保安，唐魏州贵乡（今河北大名县）人。详细介绍见【弃家赎友】条。

小时了了

拼　音 xiǎo shí liǎo liǎo

解　释 指人不能因为少年时聪明而断定他日后定有作为。

出　处 南朝宋·刘义庆《世说新语·言语》：孔文举年十岁，随父到洛。时李元礼有盛名，为司隶校尉。诣门者，皆俊才清及中表亲戚，乃通。文举至门，谓吏曰："我是李府君亲。"既通，前坐。元礼问曰："君与有何亲？"对曰："昔先君仲尼与君先人伯阳有师资之尊，是仆与君奕世为通好也。"元礼及宾客莫不奇之。太中大夫陈韪后至，人以其语语之，韪曰："小时了了，大未必佳。"文举曰："想君小时，必当了了。"韪大踧踖。

译　文 孔融十岁那年随父亲到达京城洛阳。当时，名士李膺在洛阳任职，如果不是名士或者他的亲戚，门人一般不通报。孔融想看看李膺是个什么样的人，就登门拜访。他对门人说："我是李君的亲戚。"守门人通报后，李膺接见了他。李膺问他说："请问你和我有什么亲戚关系呢？"孔融回答道："从前我的祖先孔子和你家的祖先老子有师资之尊（孔子曾向老子请教过关于周礼的问题），因此，我和你也是世交呀！"当时很多宾客都在场，对孔融的回答十分惊奇。后来太中大夫陈韪来到李膺府第，宾客把这件事告诉他，陈韪却不以为然地说："小时候聪明长大后就不一定聪明。"孔融立即反驳道："那么您小时候一定很聪明吧。"陈韪无话可说。李膺大笑，说："你这么聪明将来肯定能成大器。"

附　注 据王家葵《孔宙和他的儿子们》考证："……《孔宙碑》的记载可以用来校正《后汉书·孔融传》的几处谬误。建安十三年（208）孔融被曹操杀害，传称"（融）时年五十六"，由此知孔融生永兴元年（153）。另据孔融与曹操《论盛孝章书》提到："五十之年，忽焉已至。公为始满，融又过二。"即孔融长曹操两岁。曹操生永寿元年（155），可以作为孔融生永兴元年（153）的佐证。如此一来，延熹六年（163）父亲孔宙去世，孔融11岁，而非本传所说"年十三丧父"。本传又记孔融10岁，随父诣京师，求见当时大名人河南尹李膺，有一番敏捷的应对，此故事亦载于《世说新语·言语》。《后汉书》校勘记注意到，李膺延熹二年（159）为河南尹，故认为本传"十岁"，实为"七岁"之误。今据《孔宙碑》，孔宙延熹五年患病辞官，次年初即去世，似乎也没有机会携儿子进京，故《后汉书》校勘记的意见是正确的，即延熹二年孔融7岁，与父亲孔宙入洛拜访李膺。延熹二年孔融7岁，古人是按虚岁计，即公元159年，160年后孔宙由元城令迁泰山都尉，所以孔融与父亲孔宙入洛拜访李膺时是居住在元城即今天的大名县境的。

兴兵动众

拼　音 xīng bīng dòng zhòng

解　释 旧指大规模出兵。现多指动用很多人力做某件事

出　处 汉·张竦《为刘嘉作奏称莽功德》："兴兵动众，欲危宗庙，恶不忍闻，罪不容诛。"

示　例 叶圣陶《邻居》："万一伤了人家一个指头，弄得兴兵动众，你就是十恶不赦的罪魁祸首！"

血性男儿

拼　音 xuè xìng nán ér

解　释 指刚强正直，勇敢热情的男子汉。

出　处 清·名教中人《好逑传》第六回：“你小姐乃是闺阁中的须眉男子，我铁挺生也是个血性男儿。”

行则连舆，止则接席

拼　音 xíng zé lián yú，zhǐ zé jiē xí

解　释 舆：车子；止：休息；席：坐席。出行时车子相连，休息时座位相接。形容两人关系密切，形影不离。

出　处 三国·魏·曹丕《与吴质书》：“昔日游处，行则连舆，止则接席，何曾须臾相失。”

兄弟参商

拼　音 xiōng dì shēn shāng

解　释 参、商：星宿名，二星此出则彼没，永不相见。比喻兄弟之间不和睦。

出　处 三国·魏·曹植《与吴季重书》：“面有逸景之速，别有参商之阔。”

示　例　元·杨景贤《西游记》第五本第十八折：他父母非良，兄弟参商，告废了人伦大纲，因此上自上张。

Y

余分闰位

拼　音　yú fēn rùn wèi

解　释　余分：指地球环绕太阳运行一周的实际时间与纪年时间相比所余的零头数。即余留部分。闰位：非正统的帝位。

出　处　《汉书·王莽传》：“‘紫色蛙声，余分闰位。’谓以伪乱真耳。”意思是说，王莽虽然称帝，更改国号，但如同紫色不是正色，蛙声不是正声，岁月之余只能成闰而不能独立一样，他不能占据历史上正统的帝王之位。

（以上实封建正统思想使然——编者按）

示　例　唐·刘知几《史通·列传》：“如项羽者，事起秦餘，身终汉始。殊夏氏之后羿，似黄帝之蚩尤。譬诸闰位，容可列纪。”

明·张煌言《答赵廷臣》诗之一：“敢是天方崇闰位，黄云白草未曾春。”

柳亚子《阴霾》诗：“尧天舜日匆匆尽，已是穷新闰位年。”

依草附木

拼　音　yī cǎo fù mù

解　释　原指鬼神附于物上，有所依凭，擅作威福。后比喻凭借他

人势力，为非作歹。也比喻不能自立，依靠别人。

出　处　五代·王周《巫庙》诗：“日既恃威福，岁久为精灵，依草与附木，诬诡殊不经。”

示　例　想必有那依草附木、冒着俺家名姓做这等事情的也不可知。（元·康进之《李逵负荆》第二折）

附　注　《旧五代史》卷一百六汉书八列传第三载：王周，魏州（今大名县）人。少勇健，从军事唐庄宗、明宗，稍迁裨校，以战功累历郡守。晋天福初，范延光叛于魏州，周从杨光远攻降之，安重荣以镇州叛，从杜重威讨平之，以功授贝州节度使。岁余，移镇泾州。先是，前帅张彦泽在任苛虐，部民逃者五千余户，及下车，革前弊二十余事，逃民归复，赐诏褒美。后历邓、陕二镇。阳城之役，周时为定州节度使，大军往来，供馈无阙，未几，迁镇州节度使。周禀性宽惠，人庶便之。开运末，杜重威降于契丹，引契丹主临城谕之。周泣曰：“受国重恩，不能死战，而以兵降，何面南行见人主与士大夫乎？”乃痛饮欲引决，家人止之。事不获已，乃见契丹主，授邓州节度使、检校太师。高祖定天下，移镇徐州，加同平章事。乾佑元年二月，以疾卒于镇，辍视朝二日，赠中书令。周性宽恕，不忤物情。初刺信都，州城西桥败，覆民租车，周曰：“桥梁不饬，刺史之过也。”乃还其所沈粟，出私财以修之，民庶悦焉。

《新五代》卷四十八 杂传第三十六载：王周，魏州人也。少以勇力从军，事唐庄宗、明宗，为裨校，以力战有功拜刺史。晋天福中，从杨光远讨范延光于魏州，又从杜重威讨安重荣于镇州，皆有功。历贝州、泾州节度使。泾州张彦泽为政苛虐，民多流亡，周乃更为宽恕，问民疾苦，去其苛弊二十馀事，民皆复归。历迁武胜、保义、义武、成德四镇，皆有善政。定州桥坏，覆民租车，周曰：“桥梁不修，刺史过也。”乃偿民粟，为治其桥。杜重威降契丹，契丹兵过镇州，临城呼周使出降，周泣曰：“受晋厚恩，不能死战而以城降，何面目面行见人主与士大夫乎！”乃剧饮，求刀欲自引决，家人止之，迫以出降。契丹以周为武胜军节度使。汉高祖入立，徙镇武宁。卒于镇，赠中书令。

严刑峻法

〔拼　音〕yán xíng jùn fǎ

〔解　释〕峻：严酷。严厉的刑罚和严峻的法令。

〔出　处〕汉·王充《论衡·非韩》：“使法峻，民无奸者；使法不峻，民多为奸。而不言明王之严刑峻法，而云求奸而诛之。”

〔示　例〕姚雪垠·《李自成》二卷三二章：“用严刑峻法和沉重聚敛苦害百姓，所以盗贼一天比一天多。

邺王嗜诗

〔拼　音〕yè wáng shì shī

〔解　释〕邺王，指罗绍威。罗绍威酷好诗文轶事。

〔出　处〕《旧五代史·梁书·罗绍威传》载，罗绍威唐末被封为邺王，喜好诗词，攻读诗书，通晓音律，尊儒家学说，为政明达。喜招纳文人学士，礼待读书人，家中藏书达万卷之多。其办学馆，建书楼，每遇酒宴歌会，必与来宾吟诗作词。其诗意境超然，别人多难以达到。当时，江东的罗隐是钱镠的军事僚佐，以诗闻名全国。绍威送给罗隐一些贵重礼物以求得到一些诗，在书信中，表达了自己的敬慕心境。罗隐引以为知己，就把自己的全部诗作给了罗绍威。罗绍威对罗隐的诗倍加喜爱，就把自己的诗集取名为《偷江东集》，在当地广为流传。其诗句“帘前淡泊云头日，座上萧骚雨脚风”，连诗学大家也惊汉其功力深厚。

附　注 罗绍威（877—910），字端已，魏州贵乡（今河北大名）人。仕梁，好学工书，知属文，聚书数万卷，开馆以延四方之士。拜太师兼工书令。其于字画，亦有以过人。先后授左散骑常侍，充天雄军节度副使、魏博六州节度使，累拜太师兼中书令。封爵位长沙郡王、邺王。罗绍威有三子，长子罗廷规，位至司农卿，娶后梁太祖朱温女安阳公主，又娶金华公主，早逝。

邺都兵变

拼　音 yè dū bīng biàn

解　释 五代后唐同光四年（926）二至四月，蕃汉总管李嗣源乘出讨邺都（今河北大名东北）赵在礼兵变，回师攻取大梁（今河南开封），入洛阳称帝的作战，史称邺都兵变。

附　注 后唐同光元年（923）三月，升魏州为东京兴唐府，改元城县为兴唐县，改贵乡县为广晋县。后唐同光三年（925）改东京兴唐府邺都魏州。

成语故事 后唐同光元年（923），后唐灭后梁后，庄宗李存勖嫉贤害能，冷遇、猜忌宿将功臣，致上下离心。四年二月，魏博（治魏州，今河北大名东北）戍守瓦桥关兵轮番归镇，行至贝州，闻庄宗颁令就地屯驻，不准返邺都，激起哗变。军士皇甫晖乘人心浮动，劫杀指挥使杨仁晸，胁迫银枪效节指挥使赵在礼为首，长驱南下，连破临清、永济、馆陶等州后，攻入邺都，据城反唐。

庄宗闻讯，先命归德节度使元行钦（又名李绍荣）为邺都行营招讨抚使，率领3000（一说2000）骑兵前往招抚；同时发诸道兵继进，以备镇压。元行钦至邺都，抚战兼施，以皇帝敕令招谕。遭拒后，举兵攻城，又遭邺都兵顽强抗击，久不能克，乃退兵城南，与邺都相持待援。庄宗因元行钦出讨久无功，欲御驾亲征，又恐京师有变，不得已，乃起用李嗣源，命其率侍卫亲军（号从马直）出征。

李嗣源虽素遭猜忌，并无异志，奉诏即率亲军北上。三月初六，抵邺都，营于城西。初八夜，从马直军士张破败突起，率众哗变，杀都将，焚营舍，劫持李嗣源，声称与城中兵合势，击退诸道兵，拥其称帝河北。初九，赵在礼领诸校出城迎拜李嗣源入邺都。李嗣源假托收抚散兵，脱身出城，遣牙将张虔钊召元行钦共诛乱兵。元行钦疑其有诈，率步骑万人弃甲而撤，诬奏李嗣源叛。李嗣源乃至魏县（今河北大名西北），收得镇州兵5000人，马2000匹，另成一军。后屡次遣使上表申诉，以明心迹，皆被元行钦阻遏。为此，李嗣源疑惧不安，乃纳部将石敬瑭回师攻取大梁之策，遣使征召齐州防御使李绍虔、泰宁节度使李绍钦、贝州刺史李绍英、北京右厢马军都指挥使安审通等，即得拥戴，遂挥师南下，直趋汴梁。

庄宗闻变，令怀远指挥使白从晖率骑兵扼守河阳桥，以护卫京城；又出金帛赏赐诸军，并亲率军趋汴梁，但为时已晚。途中闻知李嗣源已入汴梁，即仓皇回逃，至荥阳，随从士卒已散逃过半。刚抵洛阳，从马直指挥使郭从谦亦率所部兵哗变，与京城驻军展开混战。四月初一，庄宗率诸王及近卫骑兵出战，中流矢而死。初三，李嗣源乘京城大乱，攻入洛阳，旋称帝（是为后唐明宗），战乱乃平。

英雄短气

拼　音 yīng xióng duǎn qì

解　释 短气：志气沮丧。指有才能的人因遭受困厄或沉迷于爱情而丧失进取心。

出 处 清·明教中人《好逑传》第一回："仁兄青年男子，天下何事不可为，莫只管做些儿女态，令英雄短气！"

示 例 他自己想到不违性情上头，就未免觉得儿女伤心，英雄短气。（清·文康《儿女英雄传》第四十回）

郁郁葱葱

拼 音 yù yù cōng cōng

解 释 形容草木苍翠茂盛。也形容气势美好蓬勃。

出 处 汉·王充《论衡·吉验》："城郭郁郁葱葱。"

怨咨载道

拼 音 yuàn zī zài dào

解 释 即怨声载道。形容民众普遍不满。

出 处 《明史·外戚列传》载，陈万言，大名人，明世宗肃皇后的父亲，被封为太和伯。他请乞武清、东安各千顷土地为庄田，世宗命户部勘查闲地给他。给事中张汉卿说："陈万言违越法度请乞土地。去年深冬又急速建府第，徒役疲劳，怨咨载道。现在灾祸相继，饿死的人数以千万计。陈万言毫不动心，反而请求庄田。请陛下割恩以义，一切裁抑，只令陈成言保全爵禄。"一些言官也纷纷进谏。世宗不听，仍给八百顷。嘉靖七年，肃皇后死，陈万言也被贬退。

研精苦思

【拼　音】yán jīng kǔ sī

【解　释】精心研究，深入思考。同“研精覃思”。

【出　处】宋·王令《答刘公著微之书》：“研精苦思，扪隙发罅，以窥求门户。”

陨雹飞霜

【拼　音】yǔn báo fēi shuāng

【解　释】指遭受冤枉和诬陷。

【出　处】汉·王充《论衡·感虚》：“邹衍无罪，见拘于燕，当夏五月，仰天而叹，天为陨霜。”《太平御览》卷八七八引《晋书》：“武帝时五月雹，伤禾麦坏屋，时王浚有大功被陷，帝不断。”

倚若长城

【拼　音】yǐ ruò cháng chéng

【解　释】像长城一样可以作为依靠的屏障。

【出　处】《旧唐书·田弘正传》：“弘正三上章，愿留阙下，宪宗劳之曰：‘昨韩弘至朝，称疾恳辞戎务，朕不得不从。今卿复请留，意诚可尚，然魏土乐卿之政，邻境服卿之威，为我长城，不可辞也。可亟归籓。’”

典例故事 田弘正（764—821）本名兴，字安道，田承嗣侄，平州人。宪宗时，充魏博节度使。穆宗时，兼中书令。性忠孝，好功名，聚书万余卷，通春秋左氏学。工丹青，尤善图人形。卒年五十八，赠太尉，谥忠愍。元和七年（812）魏博节度使田季安（田承嗣孙）死后，为众拥立。他送季安子怀谏入京师，请示朝廷，始受任为节度使，赐名弘正。十年，遣子布率军助朝廷讨伐淮西吴元济。继又逼成德节度使王承宗归唐，并出兵配合讨平淄青李师道的叛乱。平定淄青后，田弘正入朝，三次上表请求留在朝中。唐宪宗慰劳道：“上次韩弘称病不肯赴镇，朕让他留在朝中，如今你又这么要求，朕也应该答应。但是魏州百姓都思念你的仁政，周围藩镇也畏惧你的威名，你就像朕的长城一样，怎能留在朝中呢？”于是田弘正返回魏博。

十五年，调为成德军节度使。次年，被成德军都知兵马使王廷凑杀害。

倚门傍户

拼　音 yǐ mén bàng hù

解　释 倚、傍：靠着。比喻做学问自己没有见解，只袭取别人的说法。

出　处 宋·释普济《五灯会元·临济玄禅师法嗣·涿州纸衣和尚》：“僧问。如何是宾中宾。师（临济大师）曰。倚门傍户犹如醉。出言吐气不惭惶。”

示　例 明·黄宗羲《明儒学案·凡例》：“学问之道，以各人自用得著者为真。凡倚门傍户、依样画葫芦者，非俗流之士，则经生之业也。”

冤家可解不可结

拼音 yuān jiā kě jiě bù kě jié

解释 佛教主张结下冤仇的双方最好是化解冤仇，不要结仇不放。

出处 清·名教中人《好逑传》第十五回：“但冤家可解不可结，莫若只早早的做了亲，使他空费了一番心机，强似挞之于市。”

原始见终

拼音 yuán shǐ jiàn zhōng

解释 考察事物的开端而预见到它的结果。

出处 汉·王充《论衡·实知》：“凡圣人见祸福也，亦揆端推类，原始见终。”

示例 《三国志·魏书·臧洪传》：“仆虽不敏，又素不能原始见终。”

野草闲花

拼音 yě cǎo xián huā

解释 野生的花草。比喻男子在妻子以外所玩弄的女子。

出处 元·无名氏《马陵道》楔子：“将军战马今何在？野草闲花满地愁。”

示　例　明·冯梦龙《古今小说·任孝子烈性为神》：野草闲花休拈，赢得身安心自然。

野马无缰

拼　音　yě mǎ wú jiāng

解　释　没有拴上缰绳的野马。比喻任意行动，没有约束。

出　处　清·名教中人《好逑传》第四回："天机有碍尖还钝，野马无缰快已迟。"

淫词艳曲

拼　音　yín cí yàn yǔ

解　释　香艳的乐曲和淫秽的文辞。也作"艳曲淫词"。

出　处　《水浒传》第八十一回　燕青月夜遇道君 戴宗定计出乐和：李师师叫燕青吹萧，服侍圣上饮酒，少刻又拨一回阮，然后叫燕青唱曲。燕青再拜奏道："所记无非是淫词艳曲，如何敢服侍圣上？"官家道："寡人私行妓馆，其意正要听……"

示　例　清·李渔《比目鱼》第一回："只是一件，但凡忠孝节义，有关名教的戏文，孩儿便学。那些淫词艳曲，做来要坏廉耻，丧名节的，孩儿断不学他。"

遗袍复得

拼 音 yí páo fù de

解 释 路上掉了东西，没有人拾为己有，多用来形容民风淳厚，对统治者的政绩加以颂扬。现用以形容社会风尚和道德良好。

出 处 《旧唐书》：“途有遗物，人不私取。”唐代一商人途经武阳郡（治贵乡，在今大名县东北）时，把一件心爱的衣服丢了，走出十多里后才发觉，心中十分着急，不禁喊出声来。这时路人劝慰他说：“不要紧，我们武阳境内路不拾遗。你回去找找看，一定可以找得到。”商人抱着试试看的心态回身去找，果然找到了丢失的衣裳。

摇手触禁

拼 音 yáo shǒu chù jìn

解 释 摇：动；触：触犯。摇一下手就触犯禁令。比喻法令繁琐苛刻。

出 处 《汉书·食货志》（下）：“（王）莽大募天下囚徒人奴，名曰猪突豨勇，壹切税吏民，訾三十而取一。又令公卿以下至郡县黄绶吏，皆保养军马，吏尽复以与民。民摇手触禁，不得耕桑，繇役烦剧，而枯旱蝗虫相因。”

示 例 清·章炳麟《释戴》：“而迥之以丛棘，令士民摇手触禁。”

摇头摆尾

拼　音 yáo tóu bǎi wěi

解　释 原形容鱼悠然自在的样子。现用来形容人摇头晃脑、轻浮得意的样子。

出　处 宋·释普济《五灯会元》："临济门下有个赤梢鲤鱼，摇头摆尾向南方去，不知向谁家齑瓮里淹杀？"

附注一 澧州洛浦山（又称乐普山）元安禅师，夹山善会禅师之法嗣，俗姓淡，凤翔（今陕西凤翔）麟游人。少年时从其兄祐律师于本郡怀恩寺出家，不久即受具足戒，通晓经论。后游方参学，问道于临济禅师，并成为临济禅师的侍者。

元安禅师聪明伶俐，颇能得临济禅师之心，临济禅师曾当众赞美他说："临济门下一只箭，谁敢当锋？"

元安禅师得到临济禅师的肯定，心里很高兴，自以为大事了毕。可是实际上，他并没有参透。

有一天，元安禅师侍立次，有位座主前来参礼临济禅师，临济禅师问："有一人于三乘十二分教明得，有一人不于三乘十二分教明得，且道此二人是同是别？"

座主道："明得即同，明不得即别。"

临济禅师道："这里是甚么所在？说同说别？"

说完，临济禅师回头看着元安禅师，问道："汝又作么生？"

元安禅师便大喝一声。

临济禅师送走座主后，回到方丈室，问元安禅师："汝岂不是适来喝老僧者？"

元安禅师道："是。"

临济禅师一听，便将元安禅师打出丈室。

过了一段时间，元安禅师前来辞别临济禅师。

临济禅师问："甚么处去？"

元安禅师道："南方去。"

临济禅师用拄杖在地上画了一画，说道："过得这个便去。"

元安禅师于是大喝一声，临济禅师举起拄杖便打。

元安禅师于是便作礼而去。

临济禅师第二天升堂的时候，告诉大众道："临济门下有个赤梢鲤鱼，摇头摆尾，向南方去，不知向谁家几虀（ji）瓮（腌菜缸）里淹杀。"

附注二 还有一说：临济大师有一表弟叫元安，两人相差1岁，是挚友。这表兄弟两人的性格很不一样，临济遇事冷静，不爱虚夸张扬，性格内向、稳重；元安却好说好动，喜欢表现自己，性格外向、轻率。一天，元安到临济处做客，临济设酒席款待他。表兄弟两个边喝边聊，兴致很高。不知不觉，酒至半酣，元安十分得意地对临济说："表兄，告诉你一个好消息，你一定会替小弟高兴的。"临济关切地问："表弟有什么喜事，快说来愚兄听听。"元安说："小弟前日已得县令赏赐，就要被提升了。"看着元安那副高兴的样子，临济并没有一丝笑意，也没有一句表示祝贺或恭维的话。元安原本以为会得到表兄的赞赏，可是临济的表现却使他很失望。

看看天色已晚，元安这才想起应该回家了。他起身告辞时，临济却一把拉住他，语重心长地对他说："小弟，听我告诉你一件事吧。有一条赤尾鲤鱼，样子十分好看，它自己也甚是得意。这一天，鲤鱼摇着头，摆着红色的尾鳍，向着南方游去了。可是它这一去，连它自己都不知道会游到那儿。如果游到宽阔的河里，那还算幸运；如果是游到了别人家腌鱼肉的缸里，那岂不是死路一条吗？"

临济一番话，元安立刻深感惭愧，自觉不如临济。

耀灵匿景

【拼 音】yào líng nì jǐng

【解 释】耀灵：太阳的别称，亦喻指皇帝。匿景：隐藏形迹。指太阳下山，天黑了。

【出 处】三国·魏·吴质《在元城与魏太子笺》：“耀灵匿景，继以华灯。”

影影绰绰

【拼 音】yǐng yǐng chuò chuò

【解 释】隐隐约约。模模糊糊，不真切。可形容人或物模糊，隐约，看不真切。

【出 处】明·兰陵笑笑生《金瓶梅词话》第六十二回潘道士解禳祭灯法　西门庆大哭李瓶儿：李瓶儿道：“好傻子，只不死，死将来你拦的住那些！”又道：“我有句话要对你说：我不知怎的，但没人在房里，心中只害怕。恰似影影绰绰，有人在我跟前一般。夜里要便梦见他，恰似好时的，拿刀弄杖，和我厮嚷。”

引过自责

【拼 音】yǐn guò zì zé

解　释 主动承担错误的责任并作自我批评。

出　处 汉·王充《论衡·感类篇》："灾变恶征，何为至乎？引过自责，恐有罪。"后作"引咎自责"。

引针拾芥

拼　音 yǐn zhēn shí jiè

解　释 比喻事物互相感应。

出　处 汉·王充《论衡·乱龙》："顿牟掇芥，磁石引针，皆以其真是，不假他类。"顿牟，琥珀。一说为玳瑁。

示　例 明·王廷相《策问》："蠲忿忘忧，其感应也何故？引针拾芥，其情性也何居？"

云中鸡犬

拼　音 yún zhōng jī quǎn

解　释 也比喻仙家生活。

出　处 汉·王充《论衡·道虚》："儒书言：淮南王学道，招会天下有道之人，倾一国之尊，下道术之士。是以道术之士，并会淮南，奇方异术，莫不争出。王遂得道，举家升天，畜产皆仙，犬吠于天上，鸡鸣于云中。此言仙药有余，犬鸡食之，并随王而升天也。"

示　例 唐·罗隐《广陵开元寺阁上作》："云中鸡犬刘安过，月里留歌扬帝归。"

云屯雾集

【拼　音】yún tún wù jí

【解　释】像云和雾那样聚集。形容数量多而集中。

【出　处】明·施耐庵《水浒传》第六十六回　时迁火烧翠云楼　吴用智取大名府："这北京大名府是河北头一个大郡，冲要去处。却有诸路买卖，云屯雾集；只听放灯，都来赶趁。"

【示　例】清·李百川《绿野仙踪》第三回："又早到八月初头，各处的举子云屯雾集。"

以藩制藩

【拼　音】yǐ fān zhì fān

【解　释】安史之乱以后，藩镇势力日趋膨胀，朝廷为了牵制那些跋扈的强藩，就有意识地扶植另一些节度使，企图以藩制藩。结果是甲藩未平，乙藩更强，对中央的威胁更为严重。

【典例故事】唐广德元年（763）至大历十四年（779），唐代宗李豫为加强中央集权，并利用藩镇之间的矛盾发动的一系列作战，削弱藩镇势力。

广德元年，唐任命田承嗣为魏博（驻魏州，今大名）都防御使起，便种下河朔三镇抗唐犯上的祸根。是年闰正月，唐代宗任命史朝义降将薛嵩为相、卫、邢、洺、贝、磁六州节度使，田承嗣为魏、博、德、沧、瀛五州都防御使，李怀仙仍为幽州、卢龙节度使。当时，河北诸州已降服唐廷，薛嵩等人在迎接唐河北副元帅仆固怀恩时，表示愿意驻守原地为朝廷尽力。仆固怀恩恐怕叛乱平息后失宠，便奏请朝廷保留薛嵩等人分别统帅河北兵马，相互牵制。代宗也因无力彻底消灭安史余孽，批准对他们的任命。广德二年正月，仆固怀恩从谋反太原、围攻榆次开始乱唐（参见唐平仆固怀恩叛乱）。直到第二年九月，仆固怀恩引回纥、吐蕃、吐谷浑、党项、奴剌分三道入寇，中途病卒，部下互軏，被唐廷各个击破。当年闰十月，蜀中大乱，永泰二年（766）二月被平息。大历三年（768）二月，商州军乱。四年，泸州刺史扬子琳闹事，藩镇间因利害冲突发生的争斗一直没有间断。大历八年（773），田承嗣以给安史父子立祠为幌子，向中央公开挑衅，伸手要官，开始与唐廷发生对抗。十年四月，代宗命河东、成德等九节度使联兵讨伐田承嗣。田部虽多次战败，部将多降，但田承嗣充分利用、甚至制造各节度使之间的矛盾，使诸镇或自相残杀，或按兵不动。同时，每当形势不利时，田即上表请降，最后代宗不得不赦免田承嗣。讨田之役，朝廷不仅毫无所获，且使藩镇割据形势更加严重。在唐廷与田承嗣进行软硬兼施的交锋时，汴宋留后李灵曜在汴州反唐，卓英璘据险叛乱。河北诸镇及黄河以南的淄青兼平卢节度使李正己等人，则借着唐廷削藩，乘机发展壮大自身势力。

唐代宗采取“欲取姑与”的政治权略来削藩，无异“养痈成患”，而他的“以藩制藩”如意算盘，到头来，只是换汤不换药的恶性循环。

云天高谊

拼　音 yún tiān gāo yì

解　释 情谊深厚，高达云天。也作“云天高义”。

出　处 清·名教中人《好逑传》第七回：“贱妾水冰心，多蒙公子云天高谊，从虎口救出，其洪恩大德，不啻天地父母。”

示　例 清·烟霞散人《凤凰池》第五回："向日晚生正遭歧路之泣，得遇总戎，云天高谊，解衣推食，有踰骨肉。"

玉灭瘢

拼　音 yù miè bān

解　释 美玉可以去掉瘢痕。喻王莽爱惜人才的典故。

出　处 《汉书·王莽传》：始莽就国，南阳太守以莽贵重，选门下掾宛孔休守新都相。休谒见莽，莽尽礼自纳，休亦闻其名，与相答。后莽疾，休候之，莽缘恩意，进其玉具宝剑，欲以为好。休不肯受，莽因曰："诚见君面有瘢，美玉可以灭瘢，欲献其瑑耳。"即解其瑑，休复辞让。莽曰："君嫌其贾邪？"遂椎碎之，自裹以进休，休乃受。及莽徵去，欲见休，休称疾不见。

引　文 王莽初掌国政，见孔休（汉哀帝时为新都令，王莽请他当国师，他不肯）面有瘢，便赠琢玉，以助其（因传说美玉能除去瘢痕）去瘢。

示　例 辛弃疾《浣溪沙·赵景山席上用偶赋溪台和韵》

台倚崩崖玉灭瘢。青山却作捧心颦。远林烟火几家村。引入沧浪鱼得计，展成寥阔鹤能言。几时高处见层轩。

幼不伴君

拼　音 yòu bù bàn jūn

解　释 五代时梁罗绍威为子乞免参政为官之事。

出　处《旧五代史·梁书·太祖本纪三》载，魏博（今大名东北）军政使罗绍威有两子，一个名叫廷望，一个名叫廷矩，尚未成年，但都颇有才华韬略。后梁太祖朱温因他们的父亲是有功之臣，欲破格任用提拔两人为郎。罗知道后上书，言两个儿子都还未成年，不能承担国家兴亡之责任，恳请皇帝罢免他们参政议政、主管朝事的职权。朱温答应了罗的要求。

于心无愧

拼　音 yú xīn wú kuì

解　释 心里没有什么可惭愧的。

出　处 宋·王令《谢刘成父》：“尘埃隔眼逢何晚，气类相期久愈坚，以义求人今遂得，于心无愧果为贤。”

附　注 王令（1032—1059）北宋诗人。初字钟美，后改字逢原。原籍元城（今大名）。5岁丧父母，随叔祖居广陵。后以教学为生，有治国安民之志。王安石对其文章和为人皆甚推重，时人称其为“天才诗人”。王安石进京途中，王令曾作《南山之田》诗求见。王安石看罢大喜过望，称王令“可以任世之重而有功于天下”“足下之才，浩乎沛然，非某之所能及”。两人书信不断成为莫逆之交。王令25岁，王安石劝其妻舅吴佑，将其女儿嫁给王令。27岁那年王令因脚气病发作导致并发症，结束了凄苦而短暂的人生。有《广陵先生文章》《十七史蒙求》。

因势利导

拼　音 yīn shì lì dǎo

解　释 因：循；势：趋势；利导：引导。顺着事情发展的趋势，向有利于实现目的的方向加以引导，使之渐近自然。”

出　处 西汉·司马迁《史记·孙子吴起列传》：“善战者，因其势而利导之。”

示　例 清·李渔《闲情偶寄·声容·治服》：“不若因势利导。”

成语故事 《史记·孙子吴起列传》载，魏国和赵国攻打韩国，韩国向齐国告急。齐国派田忌率兵前往，直奔大梁。魏将庞涓听到消息，放下韩国赶回，但齐军已经越过齐境而西进。孙子对田忌说：“他们三晋的军队素来慓悍勇武而看不起齐国，齐国有怯懦的名声，善于作战的人只能因势利导。兵法上说，行军百里与敌争利会损失上将军，行军五十里而与敌争利只有一半人能赶到。（为了让魏军以为齐军大量掉队）应使齐军进入魏国境内后先设十万个灶，过一天设五万个灶，再过一天设三万个灶。”庞涓行军三天，见到齐军所留灶迹，非常高兴，说：“我本来就知道齐军怯懦，入我境内三天，士兵已经逃跑了一大半。”所以丢下步兵，只率轻兵锐卒，用加倍的速度追赶齐军。孙子估计魏军的行军速度，天黑应当赶到马陵（今大名县东南）。马陵道路狭窄，旁多险阻，可以埋伏兵马，于是把一棵大树削去树皮，露出白木，在上面写上“庞涓死于此树之下”。然后命齐军善射者持上万张弩，埋伏在道路两旁，约定好“天黑见到点着的火就一起放箭”。庞涓果然于夜晚来到削去树皮的大树下，看见树上写着字，便钻木取火来照明。字还没有读完，齐军万弩齐发，魏军大乱失去队形。庞涓自知无计可施，军队已彻底失败，只好自刎，临死说：“总算叫这小子成了名！”齐国乃乘胜全歼魏军，俘虏了魏太子申回国。孙膑因此而名扬天下，世人皆传习他的兵法。

一步一计

拼　音 yī bù yī jì

解　释 指人善于使用计谋，足智多谋。亦作“一步百计”。

出　处 五代·孙光宪《北梦琐言》：李克用入魏博（驻魏州，今河北省大名县），觇之城上有旗帜来往。晋王曰：“刘鄩一步一计。”更令审探，果缚刍为人，缚旗于上，以驴负之，循城而行。军遁已二曰矣。

引　文 五代时期，晋王李克用在魏博地区与后梁军作战，他察看地形发现敌城墙上的旗帜飘来飘去，他知道后梁的刘鄩一步一计，就派人前去侦察，发现刘鄩的军队早已撤离，只是用驴驮着旗帜在城墙边来回行走罢了

成语故事 刘鄩（xún，861—923），山东密州安丘人，五代时后梁名将，有“一步百计”之称。刘鄩死后，被诏梁末帝追赠为中书令，时年63岁。

后梁贞明元年三月，魏博节度使杨师厚死，后梁分相、魏为两镇，遣刘鄩率大军屯南乐，监视此次分镇行动。魏博果然军乱，囚节度使贺德伦，送款于太原。六月，晋王李存勖入魏州（今河北大名县），李存勖进入魏州后，后梁所有的的防守任务，便都交在了刘鄩的手上。刘鄩以精兵万人自洹水移军魏县，同李存勖形成对峙。刘鄩分析后认为李存勖大军在河北，其老巢太原定然空虚。于是便用用驴驮草人，手持旗帜，在步下疑兵，大唱空城计，自己则率军直奔太原。李存勖果然上当，并没有派兵追赶。打仗讲究天时地利人和，这一次的天时很差，刚起兵就遇上了大雨，进军非常困难。只好返兵去夺晋军储粮，却又被周德威给抢了先。

无奈之下，刘鄩只好在莘州屯兵，严密防守，以待战机。而此时在开封本不懂军事的友贞周围已经围上了一批小人，整天的催促刘鄩进兵。前有强敌，后有昏君，让刘鄩非常的苦恼，打仗也分心不少。而他对面的李存勖却很清醒，也很清楚刘鄩的用兵之策，他是便故意示弱，等待破绽的

出现。看破刘鄩计划的李存勖将计就计，假意率兵回太原，将主力隐藏到贝州，魏州。

后梁贞明二年三月，刘鄩自莘州引军袭魏州，中了这计中计。在正准备出兵之时，被李存勖团团围住，与晋军（李存勖）战于故元城（今河北大名县东部），大败，刘鄩脱身南奔，自黎阳济河至滑州。三年二月，晋军悉众攻黎阳，被刘鄩击退。十一月，刘鄩升为泰宁军节度使、检校太尉、同平章事。

一弛一张

拼　音 yī chí yī zhāng

解　释 现多比喻生活、工作要合理安排，有松有紧，劳逸结合。同“一张一弛”。

出　处 汉·王充《论衡·儒增》：“故张而不弛，文王不为。弛而不张，文王不行。一弛 一张，文王以为当。”

附　注 王充（27—约97），字仲任，东汉著名思想家、文学家。会稽上虞人（今属浙江），祖籍魏郡元城县（今河北大名县），系元城王氏之后，元城王氏在西汉时期极为风光，开基始祖王贺（王莽之曾祖）。王氏一门，有皇后、宰相、列侯、将军及各级官吏，势齐云霄，荣耀非凡。到了王莽时候，废汉自立新朝，元城王氏走向顶峰，成为天下第一家族，但也随着王莽政权的消失，地位一落千丈。

王充的祖上在元城王氏势力急剧膨胀时期开始显达，“几世尝从军有功”，骁勇善战，后被封到会稽阳亭，因此王充祖上由燕赵之地迁居秀水江南。

王充年少时就成了孤儿，乡里人都称赞他孝顺。后到京城，到太学里学习，拜班彪为师。王充以道家的自然无为立论宗旨，以“天”为天道观的最高范畴。以“气”为核心范畴构成了庞大的宇宙生成模式。其在主张生死自然、力倡薄葬，以及反叛神化儒学等方面彰显了道家的特质。他以事实验证言论，弥补了道家空说无着的缺陷。是汉代道家思想的重要传承者与发展者。王充思想虽属于道家却与先秦的老庄思想有严格的区别，虽是汉代道家思想的主张者但却与汉初王朝所标榜的“黄老之学”以及西汉末民间流行的道教均不同。《论衡》是王充的代表作品，也是中国历史上一部不朽的无神论著作。

一人得道，鸡犬升天

拼　音 yī rén dé dào，jī quǎn shēng tiān

解　释 一个人得道面仙，全家连鸡、狗也都随之升天。比喻一个人做了官，和他有关系的人也都跟着得势。

出　处 汉·王充《论衡·道虚》：“淮南王学道，招会天下有道之人，倾一国之尊，下道 术之士，是以道术之士并会淮南，奇方异术，莫不争出。王遂得道，举家升天，畜产皆仙，犬吠于天上，鸡鸣于云中。”

一步一鬼

拼　音 yī bù yī guǐ

解　释 走一步路就好象碰到一个鬼。本谓鬼很多，后为疑心生暗鬼之意。形容遇事多疑。

出　处 汉·王充《论衡·论死》："如人死輒为鬼，则道路之上一步一鬼也。"

示　例 清·王应奎《柳南随笔·俗语有本》、"俗有一步一鬼之语，却本之《论衡》"。

一隅之说

拼　音 yī yú zhī shuō

解　释 片面的说法；偏见。

出　处 《后汉书·王充等传论》："数子之言当世失得皆究矣，然多谬通方之训，好申一隅之说。"李贤注："一隅谓一方偏见也。"

示　例 宋·苏洵《衡论上·御将》"或曰：'赏所以使人，不先赏，人不为我用。'是皆一隅之说也，非通论也。"

一举两得

拼　音 yī jǔ liǎng dé

解　释 做一件事得到两方面的好处。

出　处 《晋书·束晳传》："赐其十年炎复，以慰重迁之情，一举两得，外实内宽。"

示　例 一则免楚之患，二则激晋之来，岂非一举两得？（明·冯梦龙《东周列国志》第六十一回）

一心穿地

拼 音 yī xīn chuān dì

解 释 唐玄宗时期人们对治水良吏姜师度的治水事迹和治水精神的赞誉。

出 处 《旧唐书·姜师度传》：“师度既好沟洫，所在必发众穿凿，虽时有不利，而成功亦多。先是，太史令傅孝忠善占星纬，时人为之语曰：‘傅孝忠两眼看天，姜师度一心穿地。’”

附 注 姜师度，唐魏州（今河北大名）人。姜师度以明经入仕途，担任过县令、刺史、监察兼支度营田使、大理卿、司农卿、河中尹、将作大匠等职。无论是为政一方，还是供职朝堂，他都十分重视水利问题，并组织兴修了多项水利工程。他在河北、河南、山西、陕西一带，主持兴建了防洪、排涝、灌溉、航运等水利工程，为唐朝的水利事业做出了很大贡献。神龙初年，迁易州刺史、河北道（首府驻魏州，今大名县）巡察兼支度营田使。他为官勤勉，颇富谋略，在蓟门开沟引水，以防奚、契丹骑兵。靠海凿平虏渠以减轻海运任务，至今平虏渠仍在起作用。

开元初，姜师度出任陕州刺史在此设计了一条坡道，可从仓库直接将米倾入船仓，大大提高工作效率。开元六年被任为河中府府尹，时当地的盐池因洪水无法产盐。姜师度规划、组织开浚排水沟渠，设置盐屯，财政收入大增，百姓也得到实惠。后迁同州刺史，他将洛水、黄河引入原有通灵陂，恢复良田两千多顷，收获甚丰。玄宗游幸至此，大加褒扬，加金紫光禄大夫。

开元七年，左拾遗刘彤上奏：“请求设置管理盐铁的官员，收取税利来供给国家使用，这样就可以免掉穷苦人的重税，使穷困的人得到救济。”（皇上）叫宰相审议是否可行，都认为盐铁的税利能补充国家的开支。（皇上）就令姜师度和户部侍郎强循并且率领御史中丞，和各道按察使商议，来收取海内盐铁税利。

蒋林魁供图

唐河北道全图

治所魏州，今大名公元627年至758年

一箭之遥

【拼　音】yī jiàn zhī yáo

【解　释】相当于一箭射程的距离。比喻相距不远。

【出　处】明·施耐庵《水浒全传》第九十回　五台山宋江参禅 双林镇燕青遇故："宋江上得马来，前行的众头领，已去了一箭之地，见宋江和贯忠说话，都勒马伺候。"

【示　例】他们住的地方离我们只有一箭之遥。

义社十兄弟

【拼　音】yì shè shí xiōng dì

【解　释】赵匡胤发动兵变代周建宋的基本力量之一，是以他为首的所谓"太祖义社兄弟"，也称为"义社十兄弟"，即李继勋、赵匡胤、杨光义、石守信、王审琦、刘庆义、刘守忠、刘廷让、韩重赟、王政忠。后汉时他们投入枢密使郭威部下，都是低级军官。后周世宗初年，各人地位已相当悬殊。此时"义社十兄弟"中地位最高的，不是赵匡胤，而是李继勋。赵匡胤主要在世宗后期得到迅速提拔，成为殿前司的正长官。

李继勋（916—977），大名元城（今河北大名东）人。后汉末，枢密使郭威镇邺都（五代后汉时邺都治所即今大名县）时，李继勋投入郭威部下。后周初已任殿前司散员都指挥使。显德元年（955）三月，参加"高平之战"，以功升殿前都虞侯，后任虎捷右厢都指挥使，领永州防御使。同年十月，升任侍卫步军都指挥使、领昭武军节度使。赵匡胤继李继勋之后领永州防御使。李继勋在"义社十兄弟"中不仅最年长，而且升迁速度最快，是第一个升任殿前司副长官殿前都虞侯、第一个升为节度使的。“义社十兄弟”结社可能是以他为首。显德三年，李继勋在攻打南唐寿州的战役中，被免去其军职，出为河阳三城节度使，从昭武军节度使改为河阳三城节度使，不降而升，次年七月被免去其节度使而责为右武卫大将军。赵匡胤在此前二月升为节度使，李继勋此后的名位虽降在赵匡胤之下。李继勋以后屡建战功，官衔也不断升迁，显德六年世宗攻辽时，李继勋任战棹左厢都部署，已成为水路都部署赵匡胤的部属。显德六年七月，李继勋又升为安国军节度使。

赵匡胤建宋时，李继勋正在安国军节度使任上，没有参与兵变活动，不属于开国元勋。建隆元年（960）六月，赵匡胤平定潞州刘筠，李继勋朝见赵匡胤于潞州行营，即被移为昭义军节度使，后在进攻北汉边境及抗击北汉中屡建功勋，乾德五年（967）加同平章事为使相。开宝元年（968）八月，李继勋为河东行营前军都部署、攻北汉。北汉派侍卫都虞侯刘继业（即杨业）等率军扼守团柏谷，并向辽求援，北汉马峰率军南过洞过河，与宋李继勋的先锋部署何继筠军相遇，宋军大获全胜，直抵北汉都城太原城下，李继勋率宋军围攻太原。辽穆宗命耶律挞烈救援北汉，辽军经雁门南下，李继勋率军退回宋境。

次年二月，宋太祖又派曹彬、党进各率部先攻北汉，仍以李继勋为河东行营前军都部署。北汉刘继业抗宋军，派陈廷山率数百骑进行侦察，正遇李继勋所部前军，陈廷山即率部投降，刘继业被罢军职。李继勋率部再抵太原城下，辽和北汉军此时到达太原，并协助北汉守卫太原。赵匡胤下令在汾河上筑坝蓄水准备以水灌城。李继勋率宋军主力于太原城南，党进、赵赞、曹彬分率所部配合，围攻太原。四月，辽兵救援北汉，为宋军击败。五月，宋军引汾河水灌太原城。闰五月，夏雨连绵，宋军多病，辽再派援军前来。赵匡胤“屯兵上党，使夏取其麦，秋取其禾”采取薛化光建议的“起其部内（北汉）人户”迁于宋境内，以削弱北汉经济及人力的政策后退兵。李继勋于次年移镇天雄军（驻所即今大名县）节度使。宋太宗即位后，李继勋的使相衔升为侍中。太平兴国二年（977），以太子太师致仕，同年去世，追封陇西郡王，谥庄武。

出　处　《宋史·列传第十三》有删节。

有头无尾

拼　音　yǒu tóu wú wěi

解　释　有开头没有收尾。指没有把事情做完。

出　处　唐·三圣慧然《临济录》：仰山云："但去已后有一人佐辅老兄在。此人只是有头无尾。有始无终。"师后倒镇州。普化已在彼中。师出世。普化佐赞于师。师住未久。普化全身脱去。

示　例　《朱子语类》："若是有头无尾底人，便是忠也不久。"

蔡东藩、许廑父《民国通俗演义》第一四五回：倘若不幸而至于有头无尾，你又有颁布者什么说?

有国难投

拼　音　yǒu guó nán tóu

解　释　有国家却不能回去。后亦指有家难归.

出　处　元·无名氏《马陵道》第二折："我这里叫尽屈有谁来分剖，送的我眼睁睁有国难投。"

示　例　元·关汉卿《钱大尹智宠谢天香·第四折》："我则道坐着的是那个俊儒流，我这里猛窥视细凝眸，原来是三年不肯往杭州；闪的我落后，有国难投。”

扬雄投阁

拼　音 yáng xióng tóu gé

解　释 喻文人无端受牵连坐罪，走投无路。亦作“子云投阁、子云阁、投阁、子云辱、投天禄、扬雄阁”。

出　处 《汉书·扬雄列传下》载，王莽时刘歆、甄丰皆为上公，莽既以符命自立，即位之后欲绝其原以神前事，而丰子寻、歆子棻复献之。莽诛丰父子，投棻四裔，辞所连及，便收不请。时雄校书天禄阁上，治狱使者来，欲收雄，雄恐不能自免，乃从阁上自投下，几死。莽闻之曰：“雄素不与事，何故在此？”间请问其故，乃刘棻尝从雄学作奇字，雄不知情。有诏勿问。然京师为之语曰：“惟寂寞，自投阁；爰清静，作符命。”

译　文 王莽时，刘歆、甄丰都做了上公，王莽既是假藉符命自立，即位之后想禁绝这种做法来使前事得到神化，而甄丰的儿子甄寻、刘歆的儿子刘棻又奏献符瑞之事。王莽杀了甄丰父子，流放刘棻到四裔，供辞所牵连到的，立即收系不必奏请。当时扬雄在天禄阁上校书，办案的使者来了，要抓扬雄，扬雄怕不能逃脱，便从阁上跳下，差点死了。王莽听到后说：“扬雄一向不参与其事，为什么在此案中？”暗中查问其原因，原来刘棻曾跟扬雄学写过奇字，扬雄不知情。下召不追究他。然而京师为此评道：“因寂寞，自投阁；因清静，作符命。”

示　例 宋·陆游《丰年行》：“书生识字亦聊尔，莫作扬雄老投阁。”

杜甫《醉时歌》：“相如逸才亲涤器，子云识字终投阁。”

辛弃疾《贺新郎·韩中止山中见访》词："作赋相如亲涤器，识字子云投阁。"

【投阁】杜甫《风疾舟中伏枕书怀三十六韵》："牵裾惊魏帝，投阁为刘歆。"辛弃疾《贺新郎·用题傅岩叟悠然阁韵再赋》词："投阁先生惟寂寞，笑是非，不了身前后。"

【投天禄】孔平仲《寄子由》诗："长卿著犊鼻，扬子投天禄，岷峨能生贤，独不主为福。"

【子云辱】吴伟业《毛子晋斋中读〈西台恸哭记〉》诗："淌笑君房痴，宁甘子云辱。"

【扬雄阁】刘筠《受诏修书述怀感事三十韵》："天禄扬雄阁，承明严助庐。"

【子云阁】萧纲《君子行》："从容子云阁，寂寞仲剑帷。"谢灵运《斋中读书》诗："既笑沮溺苦，又哂子云阁。"上官仪《酬薛舍人万年宫晚景寓直怀友》诗："东望安仁省，西临子云阁。"

阳九之厄

拼 音 yáng jiǔ zhī è

解 释 阳九：古代术数家的说法，四千六百一十七岁为元，初入元一百零六岁，外有灾岁九，称为"阳九"。指灾难之年或厄运。

出 处《汉书·王莽传》："予受命遭阳九之厄，百六之会，府帑空虚，百姓匮乏，宗庙未修，且祫祭于明堂太庙，夙夜永念，非敢宁息。"

示 例 清·梁启超《论自由》"阳九之厄，劫灰之运，天亡中国，无可如何。"

羽觞随波

拼　音 yǔ shāng suí bō

解　释 羽觞又称羽杯，是一种酒具，其形状像爵，两侧有耳，就像鸟的双翼，故名“羽觞”。谓注酒于觞，浮于流水，随波传送。为古代上巳日游宴之俗。

出　处 《文选·颜延之＜应诏宴曲水作诗＞》“每惟洛宴”李善注引南朝·宋·东阳无疑《齐谐记》：“束皙对武帝曰：‘昔周公卜洛邑，因流水以泛酒，故逸诗曰：羽觞随流波。’”《晋书·束皙传》亦载此事，引诗作“羽觞随波”。

示　例 明·杨慎《兰亭会》：“昔周公营邑，三月上巳日会百官于洛水之上，因流水以泛酒，故逸诗有云：‘羽觞随波。’今日虽非洛邑，惟愿羽觞随波。”

玉不磨不知其坚，檀不焚不知其香

拼　音 yù bù mó bù zhī qí jiān，tán bù fén bù zhī qí xiāng

解　释 玉石经过磨砺才知道它的坚硬，檀木经过焚烧才能知其奇香。比喻人需经过磨难和历练方能见其真性。

出　处 明末清初青·心才人小说《金云翘传》第一回 无情有情陌路吊淡仙　有缘无缘劈空遇金重：“大都玉不磨不知其坚，檀不焚不知其香，非惟小青为然也。凡天下美女，负才色而生不遇时，皆小青之类也，则皆可与小青并传不朽。”

玉石杂糅

【拼　音】yù shí zá róu

【解　释】比喻好坏混杂。

【出　处】汉·王充《论衡·累害》："公侯已下，玉石杂糅；贤士之行，善恶相苞。"

【示　例】当代作家·殷谦《从"学术娱乐化"到"政治娱乐化"的时代》："在我的理解中，国学博大浩瀚，玉石杂糅，芜菁并存，可谓糟粕多矣！"

以伪乱真

【拼　音】yǐ wěi luàn zhēn

【解　释】把假的混在真的里面，使真假不分。

【出　处】北齐·颜之推《颜氏家训·勉学》："《汉书·王莽赞》云：'紫色蛙声，馀分闰位。'谓以伪乱真耳！"

【示　例】高燮（江苏省金山人，字时若）《题变雅楼三十年词徵》："以伪乱真滋惶惑，何人辨析荡清廓。"

有情有义

【拼　音】yǒu qíng yǒu yì

解　释 对人有深厚感情和情义。

出　处 清·名教中人《好逑传》第十二回："后来细细访问，方知果然不是拐子，倒是一个有情有义的好人。"

示　例 钱锺书《围城》："鸿渐笑道：'这位姓许的倒有情有义得很！'"

鹰心雁爪

拼　音 yīng xīn yàn zhǎo

解　释 比喻心灵手快。

出　处 元·李文蔚《燕青博鱼》第四折："你待要使用金银，打通关节，救拔囚牢，则俺燕青呵！须不是鹰心雁爪，早跳出虎穴狼巢"。

养汉

拼　音 yǎng hàn

解　释 谓妇女与情夫私通

出　处 元·李文蔚《燕青博鱼》第三折："你这个养汉精，假撇清。"

示　例 刘真《春大姐》："从古到今，养汉的坏女人才有相好的呢。"

养兵千日，用在一朝

拼　音 yǎng bīng qiān rì，yòng zài yī zhāo

解　释 指长期供养、训练军队，以备一旦用兵打仗。同“养军千日，用在一朝”。

出　处 明·施耐庵《水浒传》第六十一回：“卢俊义听了大怒道：‘养兵千日，用在一朝！我要你跟我去走一遭，你便有许多推故。’”

示　例 夏十道：“国家养兵千日，用在一朝。别的不要讲，这两句话是人所共知的。”清·李宝嘉《官场现形记》第二十八回

Z

诈败佯输

【拼　音】zhà bài yáng shū

【解　释】诈、佯：假装。假装败阵，引人上当。也作“佯输诈败”。

【出　处】元·高文秀《须贾大夫谇范叔·楔子》：“俺魏国与齐国有积世之仇，前年齐国遣孙膑统领军马，明称救韩，暗来袭魏，被他诈败佯输，添兵减灶，在马陵山下削木为号，众弩俱发，射死大将庞涓，掳了长啊公子申归齐。”

【示　例】明·施耐庵《水浒传》第八十五回：“林冲、花荣占住吊桥，回身再战，诈败佯输，诱引卢俊义抢入城中。背后三军，齐声呐喊。城中宋江等诸将，一齐兵变，接应入城。四方混杀，人人束手，个个归心。”

助我张目

【拼　音】zhù wǒ zhāng mù

【解　释】张目：睁大眼睛，比喻张扬气势。比喻得到别人的赞助，声势更加壮大。

【出　处】三国·魏·曹植《与吴季重书》：“墨翟不好伎，何为过朝歌而回车乎？足下好伎，值墨翟回车之县，想足下助我张目也。”

示　例 章炳麟《东京留学生欢迎会演说辞》：“留学生中助我张目的人，较从前增加百倍，才晓得人心进化，是实有的。”

附　注 吴季重即吴质，时任元城令（元城即今大名县）。

左顾右盼

拼　音 zuǒ gù yòu pàn

解　释 向左看看，向右望望。形容得意或警戒的神态。顾、盼，看，望。

出　处 三国·曹植《与吴季重书》：“左顾右盼；谓若无人；岂非君子壮志哉！”

附　注 吴季重即吴质，时任元城令（元城即今大名县）。

自荐为帅

拼　音 zì jiàn wéi shuài

解　释 唐末罗弘信自荐当魏博（今大名）节度使之事。

出　处 《旧唐书·列传第一百三十一》：光启末，彦祯子从训忌牙军，出居于外，军众废彦祯，推赵文弁权主军州事。众复以为不便，因推弘信为帅。先是，有邻人密谓弘信曰：“某尝夜遇一白须翁，相告云，君当为土地主。如是者再三。”弘信窃异之。及废文弁，军人聚呼曰：“孰愿为节度使者？”弘信即应之曰：“白须翁早以命我。”众乃环而视之，曰：“可也。”由是立之。

附 注 罗弘信（836—898），字德孚，爵封北平郡王，谥庄肃，魏州贵乡（今河北大名）人。888年自荐以节度使身份控制魏博后，开始了罗家三代人（与子罗绍威、孙罗周翰）对魏博的管治，直至后梁年间。

罗弘信先祖是长沙人，后北迁魏博首府魏州，居魏州主城的两县之一——贵乡。曾祖罗秀、祖父罗珍、父罗让都是魏博军的军官。罗弘信先后效力节度使韩简和乐彦祯。888年春，魏博牙兵因乐彦祯子乐从训招募亲兵而与乐彦祯关系紧张。乐从训害怕，逃离魏州。乐彦祯任他为相州刺史，允许他从魏州获取甲兵、金帛武装自己的军队，牙兵愈发起疑。

乐彦祯察觉气氛紧张，害怕牙兵兵变，于是剃发出家。牙兵推都将赵文留后。乐从训聚兵三万进军魏州，想竞争节度使继承人。赵文拒不出战，为士兵所杀。当时有人称看见白须老翁预言罗弘信将为新节度使，罗弘信便站出来领导军众，迎战乐从训，败之。

888年七月，昭宗加罗弘信金紫光禄大夫、检校尚书右仆射，任为魏博节度使，次年又封豫章郡公，加检校司空、同平章事。

罗弘信治下的魏博夹在两大军阀朱全忠和河东节度使李克用之间。890年，朱全忠想借道魏博攻河东，罗弘信拒绝，朱全忠就攻魏博，于次年春五败罗弘信，罗弘信求和，从此降服于朱全忠。

896年，李克用经魏博派李存信的援军救天平、泰宁，罗弘信应许于李。朱全忠警告罗弘信，李克用志在吞并河朔，一旦天平、泰宁战事结束，李存信将攻魏博。李存信又劫掠魏博乡里，激怒了罗弘信。罗弘信愤而发兵三万夜袭李存信军，迫其逃去。朱全忠尊称罗弘信为兄，进一步巩固了和罗弘信的关系。

同年，李克用大举攻魏博，败杀万余魏博军，进逼魏州。朱全忠派葛从周援魏博，败李克用，俘其子铁林指挥使李落落，李克用几被俘。朱全忠将李落落交给罗弘信并让罗弘信杀了他。同年冬，李克用再攻魏博，朱全忠救罗弘信而李再次失败。

898年，朱全忠在魏博帮助下，攻太行山以东昭义镇李克用辖下邢、洺、磁三州。宣武、魏博联军很快取胜，攻陷三城，消除了李克用留在太行山东的势力。罗弘信还被封为临清郡王。罗弘信卒，魏博军推其子节度副使罗绍威知留后，得昭宗认可。罗弘信死后追赠太师，追封北平王，谥庄肃。

执鞭坠镫

拼　音 zhí biān zhuì dèng

解　释 亦作“执鞭随镫”。谓服侍别人乘骑，多表示倾心追随。

出　处 明·施耐庵《水浒传》第六十七回　宋江赏马步三军 关胜降水火二将：当下宋江要卢员外为尊，卢俊义拜道：“卢某是何等之人，敢为山寨之主？若得与兄长执鞭坠镫，愿为一卒，报答救命之恩，实为万幸！”宋江再三拜请，卢俊义那里肯坐。

争长竞短

拼　音 zhēng cháng jìng duǎn

解　释 多指在不重要的事情上过于计较。

出　处 宋·柳开《穆夫人墓志铭》：“因娶妇入门，异姓相聚，争长竞短，渐渍日闻。”

示　例 清·李宝嘉《文明小史》第五回：“那矿师本来还想同柳知府争长竞短，听见金委员如此一说，也就罢手。”

自弱于人

【拼　音】zì ruò yú rén

【解　释】五代时罗绍威请朱温合力杀牙军引起兵变，再遭朱温讨伐，罗绍威从此势单力弱屈服于朱温之事。也作“拔毛寒鸟”。

【出　处】见《新五代史·梁太祖本纪》。魏州节度使罗绍威蓄谋杀尽魏军牙军，向朱温请求支援以防兵变，朱温率兵北征。名义上是讨伐沧州刘仁恭，兵过魏州，实际是策应罗绍威杀牙军。当时魏州有兵士两万多人，听说城中弟兄遭屠杀，各自占据贝州、澶州、博州叛乱，推举大将史仁遇为主帅。朱温派大将各个击破，讨伐达半年之久，魏州兵士死伤多半，从此罗犹如被拔掉羽毛的飞禽，成了光杆司令，从此自感力不从心，示弱于朱温。

众多非一

【拼　音】zhòng duō fēi yī

【解　释】指类别甚多，不止一种。

【出　处】汉·王充《论衡·别通》：“孔子道美，故譬以宗庙，众多非一，故喻以百官。”

造化忌盈，丰此啬彼

【拼　音】zào huà jì yíng，fēng cǐ sè bǐ

【解　释】造化指：1. 创造演化，指自然界自身发展繁衍的功能；2. 指自然界；3. 福分，命运。丰此啬彼：丰，丰富；啬，贫乏。此消彼长之意。

意思是事事要留有余地，使造物不能忌我，鬼神不能损我。一方面丰富了，另一方面就会有缺憾。凡事必求盈求全者，不生内变，必招外忧。

【出　处】明末清初·青心才人小说《金云翘传》第一回 无情有情陌路吊淡仙　有缘无缘劈空遇金重："昭君色夺三千，不免塞外之尘；贵妃宠隆一国，难逃马嵬之死。飞燕、合德，何曾令终；西子、貂蝉，徒贻话柄。这真是造化忌盈，丰此啬彼。"

【示例一】史乃同（史楼村夫）《看造化如何弄人》：造化忌盈，任何时候都要低下头来好好做人！不欺天，不欺心，站稳脚跟老老实实做人，宠辱不惊，才能"一醉累月轻王侯"。

【示例二】陶涛《养生就靠好习惯》转引清朝文学家、养生家曹庭栋《老老恒言》："二花香有余，色不足，惟供晚赏。凡物丰此即啬彼，亦造物自然之理。予曾以荷花折置帐中，夜半后，瓣放香吐，辛烈之气，睡梦中触鼻惊醒，其透脑为患可知。"

折节力行

【拼　音】zhé jié lì xíng

【解　释】折节：屈己下人，尊重有见识有能力的人。力行，努力行善的就接近仁了

【出　处】《汉书·王莽传第六十九下》："王莽始起外戚，折节力行，以要名誉，宗族称孝，师友归仁。"

示 例 王达三《死不瞑目的许衡》：折节力行传千载，奈何当今有骂名——许衡万万不会想到的是，自己上不愧天、下不怍地而折节力行的事情，在今天却遭到前所未有的批评和指责。

终始一贯

拼 音 zhōng shǐ yī guàn

解 释 贯：贯通。从开始到结束都是坚持同一宗旨。

出 处 《汉书·王莽传》："终始一以贯之，而谓备矣。"

示 例 毛泽东《中国共产党在抗日时期的任务》："中国不但应当和中国人民的始终一贯的良友苏联相联合，而且应当按照可能。"

指天誓心

拼 音 zhǐ tiān shì xīn

释 义 对天起誓，表示意志坚定或对人忠诚无欺。

出 处 唐·张说《为郭振让官表》："臣与一二贞士，指天誓心，枝梧群邪，捍城王室。"

示 例 宋·张孝祥《代总得居士与叶参政》："父子百口，毕命驱驰，指天誓心，罔有二事，伏惟相公怜而察之。"

指东划西

拼　音 zhǐ dōng huà xī

解　释 指说话时的手势动作。比喻说话避开主题，东拉西扯。

出　处 唐·三圣慧然《临济慧照玄公大宗师语录》：大德："且要平常莫作模样，有一般不识好恶秃奴。便即见神见鬼指东划西好晴好雨。如是之流，尽须抵债。"

示　例 张天翼《儿女们》："廉大爷……指东划西地告诉别人，他这回赶回家来是为了造门栅的。"

柱石之臣

拼　音 zhù shí zhī chén

解　释 柱石：支梁的柱和承柱的石。旧时指担负国家重任的大臣。

出　处 《汉书·元后传》："位历将相，国家柱石臣也。"

示　例 明·罗贯中《三国演义》第九十一回："卿等皆国家柱石之臣也，若能同心辅朕之子，朕死亦瞑目矣！"

钻天入地

拼　音 zuān tiān rù dì

解　释 形容两家居住条件悬殊极大。现在多形容神通广大，很有办法。

【出　处】宋·庞元英《文昌杂录》卷四："北京留守王宣徽洛中园宅尤胜，中堂七间，上起高楼，更为华侈。司马公在陋巷，所居才能芘风雨；又作地室，常读书于其中。洛人戏云：'王家钻天，司马家入地。'然而道德之尊，彼亦不知颜氏子之乐也。"

【附　注】北宋时期北京指北京大名府，治所在今大名县大街镇一带。司马公即司马光。芘，遮蔽。"王家钻天"指王家楼盖得高。"司马家入地"，指司马光挖地室，也喻司马家房舍简陋。

【示　例】明·吴承恩《西游记》第三十二回："他是个钻天入地，斧砍火烧，下油锅都不怕的好汉。"

招兵市马

【拼　音】zhāo bīng shì mǎ

【解　释】招，征集；市，收买。组织或扩充武装力量。

【出　处】《旧五代史·唐庄宗纪》："魏州钱谷诸务，及招兵市马。悉委进监临。"后作"招兵买马"。

真真假假

【拼　音】zhēn zhēn jiǎ jiǎ

【解　释】指真假难辨。

【出　处】清·名教中人《好逑传》第十二回："这姓铁的一个少年

人，明明为贪色，却真真假假，百般哄诱他不动。”

示　例　邓小平《解放思想，实事求是，团结一致向前看》：“现在党内外小道消息很多，真真假假，这是对长期缺乏政治民主的一种惩罚。”

真金不怕火

拼　音　zhēn jīn bù pà huǒ

解　释　比喻正确的事物经得住考验。

出　处　清·名教中人《好逑传》第八回　一言有触不俟驾而行“谁知你们真金不怕火，礼则礼，情则情，全无一毫苟且之心，到如今又访知了，方才敬服。”

示　例　高晓声《大好人江坤大》：“姓刘的说要调查，你就陪他去，真金不怕火，查好了！”

恣意妄行

拼　音　zì yì wàng xíng

解　释　恣意：任意，随意；妄行：胡作非为。随心所欲，胡作非为。

出　处　《汉书·杜周传》：“曲阳侯要前为三公辅政，知赵昭仪杀皇子，不辄白奏，反与赵氏比周，恣意妄行。”

附　注　《汉书·元后传》载：汉成帝封其舅王谭平阿侯、王商成都侯、王立红阳侯、王根曲阳侯、王逢时高平侯。即王莽的叔伯五人，五人同日受封，故世谓之“五侯”。

示　例 《清史稿·允祀传》：“允祀在皇考时，恣意妄行，匪伊朝夕，朕可不念祖宗肇造鸿图，以永逸子孙之安乎？”

振鹭充庭

拼　音 zhèn lù chōng tíng

解　释 振鹭：振动翅膀的白鹭。白鹭群飞，集于庭中。比喻远方贤士纷纷前来，朝廷人才济济。

出　处 西汉·扬雄《剧秦美新》：“振鹭之声充庭，鸿鸾之党渐阶。”

附　注 《剧秦美新》乃扬雄赞美王莽代汉称帝的文章。详见【剧秦美新】条。

示　例 南朝·宋·范晔《后汉书·蔡邕传》：“鸿渐盈阶，振鹭充庭。”

赃官污吏

拼　音 zāng guān wū lì

解　释 犹贪官污吏。

出　处 《水浒传》第六二回：（卢俊义）“谁知被赃官污吏，淫妇奸夫，通情陷害，监在死囚牢里。”

示　例 明·方汝浩《禅真后史》第二一回（焦面鬼）口里喊叫：

“杀了赃官污吏，替民除害，要性命的，各自回避！”

睁着眼做，合着眼受

拼　音 zhēng zhē yǎn zuò ，hé zhē yǎn shòu

解　释 比喻自作自受，心甘情愿。

出　处 元·无名氏 《马陵道》第四折：“（庞涓 云）罢，罢，罢！大丈夫睁着眼做，合着眼受，这也不必说了。只可惜那六甲天书还不曾传授哩。”

凿饮耕食

拼　音 záo yǐn gēng shí

解　释 凿井饮水，耕田供食。指百姓乐业，天下太平。

出　处 汉·王充《论衡·感虚》：“尧时五十之民击壤于涂，观者曰：‘大哉尧之德也！’ 击壤者曰：‘吾日出而作，日入而息，凿井而饮，耕田而食，尧何等力！’”

铸成大错

拼　音 zhù chéng dà cuò

【解　释】错：锉刀，借用为错误。造成极大的错误。

【出　处】宋·司马光《资治通鉴》：天雄（驻所在今大名县）节度使罗绍威心恶牙军（唐朝节度使的亲兵名称），力不能制。遂密请朱全忠军，尽杀牙军及其老小。绍威虽去大患，但魏兵从此衰弱，后悔不已。谓人曰："合六州四十三县铁，不能为此'错'也。"

【示　例】宋·孙光宪《北梦琐言》卷十四作"聚六州四十三县铁，打一个错不成也"。后指造成重大错误，或指错误重大。

罪不容诛

【拼　音】zuì bù róng zhū

【解　释】罪恶极大，死有余辜。

【出　处】《汉书·王莽传上》："兴兵动众，欲危宗庙，恶不忍闻，罪不容诛。"

【示　例】东晋·庾亮《让中书监表》："事有不允，罪不容诛。"

遭逢会遇

【拼　音】zāo féng huì yù

【解　释】犹言逢遇时机。

【出　处】汉·王充《论衡·偶会》："二龙之祆当效，周厉适闿椟；褒姒当丧周国，幽王禀性偶恶。非二龙使厉王发孽、褒姒令幽王愚惑也，遭逢会遇，自相得也。"

捉贼见赃

【拼　音】zhuō zéi jiàn zāng

【解　释】赃：偷盗或贪污受贿所得的财物。捉盗贼必须看到赃物。指必须要有真凭实据。

【出　处】元·李文蔚《燕青博鱼》第三折："常言道：'捉贼见赃，捉奸见双。'燕大，你既要拿奸，如今还我奸夫来便罢。"

【示　例】自古道："捉奸见双，捉贼见赃，杀人见伤。"明·施耐庵《水浒传》第二十六回

正中下怀

【拼　音】zhèng zhòng xià huai

【解　释】中：投合；下：在下，自己。正合自己的心意

【出　处】明·施耐庵《水浒传》第六十三回

宋江兵打北京城　关胜议取梁山泊：（梁山泊拼命三郎石秀在刀下救得卢俊义，也因寡不敌众而入狱。北京官府梁中书担心宋江出兵围城，只好将他们两人打入死牢暂不处死，教与蔡福看押）"蔡福听了，心中暗喜：'如此发放，正中下怀。'"

【示　例】不想他那里来请，正中下怀。（明·兰陵笑笑生《金瓶梅词话》第五十回）

主要参考书目

[1]（西汉）司马迁. 史记. 北京：新世界出版社，2007

[2]（西汉）扬雄. 元后诔（收入唐·欧阳询《艺文类聚》. 上海：上海古籍出版社，1999）；扬雄. 剧秦美新

[3]（西汉）元王皇后. 赐公孙弘子孙当为后者爵诏

[4]（西汉）张竦. 为刘嘉作奏称莽功德

[5]（东汉）王充著. 论衡. 长沙：岳麓出版社，2006

[6]（东汉）班固著. 汉书. 北京：中华书局，2007

[7]（东汉）班固. 白虎通疏证. 北京：中华书局，1994

[8]（三国·魏）曹丕 . 与吴质书

[9]（三国·魏）吴质. 在元城与魏太子笺. 答东阿王书

[10]（三国·魏）曹植. 与吴季重书

[11] 文选·颜延之《应诏宴曲水作诗》

[12]（西晋）束晳. 补亡诗. 贫家赋

[13]（南朝宋）范晔. 后汉书（全两册），长沙：岳麓书社，1994

[14] 唐翼明. 唐翼明解读《颜氏家训》. 长沙：湖南科技出版社，2012

[15] 孙盛. 晋阳秋

[16] （唐）李延寿. 北史

[17] （唐） 房玄龄等. 晋书. 北京：中华书局，2000

[18] （唐）段成式. 酉阳杂俎；刘传鸿. 《酉阳杂俎》校证. 北京：北京大学出版社，2014

[19] （唐） 慧然，杨曾文. 临济录. 郑州：中州古籍出版社，2001

[20] （唐） 裴铏. 传奇 · 聂隐娘

[21] （唐）杨巨源. 红线传

（明）梁伯龙. 红线女杂剧及双红记传奇

[22] 王仁裕. 开元天宝遗事

[23] （唐） 陈子昂. 胡楚真禁所

[24] （唐）陆贽. 唐德宗皇帝赐李纳 田悦 王武俊铁券文

[25] （唐）张说. 为郭震让官表

[26] （唐） 冯贽. 云仙杂记 · 旋风笔

[27] 谢准朱书撰田弘正碑文状

[28] （后晋） 刘昫，张昭远，赵熙. 旧唐书

[29] 五家宗旨纂要

[30] （五代）王周. 巫庙

[31] （五代）孙光宪. 北梦琐言. 上海：上海古籍出版社，1981

[32] 五代史补

[33] 林间集

[34] （宋）朱熹. 朱文公文集

[35] （宋）释普济. 五灯会元

[36] （宋）刘安世. 尽言集

[37] （宋）苏轼. 策略五

[38] （宋） 宋祁，欧阳修等. 新唐书

[39] （宋 ）邵伯温. 邵氏闻见录

[40]（宋）王令. 谢刘成父、上孙莘老书、与邵不疑书、答刘公著微之书、与杜子长书、寄介甫、读《孟子》、代韩退之答柳子厚示浩初序书
[41]（宋）沈括. 梦溪笔谈. 北京：中华书局，2009
[42]（宋）薛居正. 旧五代史
[43]（宋）欧阳修. 新五代史
（宋）刘安世. 论蔡确作诗讥讪事第六
[44]（宋）李昉. 太平广记. 北京：中华书局，1961
[45]（宋）司马光. 资治通鉴. 北京：北京燕山出版社，2001
[46]（宋）官方编撰. 宣和画谱
[47]（宋）彭乘. 墨客挥·卷一
[48]（宋）柳开. 穆夫人墓志铭
[49]（宋）李若水. 捕盗偶成
[50]（宋）潘阆. 酒泉子
[51]（宋）马永卿. 元城先生语录
[52]（宋）强至. 韩忠献公遗事、（宋）王谠. 唐语林
[53]（宋）韩琦. 重阳
[54]（元）高文秀. 须贾大夫谇范叔
[55]（元）脱脱，阿鲁图. 宋史
[56]（元）无名氏. 马陵道
[57]（元）李文蔚. 燕青博鱼
[58]（明）宋濂. 元史
[59]（元末明初）无名氏. 梁山七虎闹铜台
[60]（明）施耐庵. 水浒全传
[61]（明）兰陵笑笑生. 金瓶梅会校本
[62]（明）冯梦龙. 东周列国志. 沈阳：沈阳出版社，2007
[63]（明）冯梦龙. 喻世明言、醒世恒言
[64]（明）冯梦龙. 古今小说

[65]（明）青心才人. 金云翘传
[66]（清）张廷玉. 明史
[67]（清）惜阴堂主人，天花主人. 二度梅
[68]（清）名教中人. 好逑传
[69]（清）戴名世. 八月庚申齐师战于乾时我师败绩
[70]（清）崔东壁. 考信录提要
[71] 余嘉锡. 世说新语笺疏
[72] 王家葵. 孔宙和他的儿子们
[73] 中华德育故事、德育故事
[74] 新华成语词典（第三版）
[75] 苑清民. 邯郸成语典故
[76] 中华成语大全
[77] 中华典故大全
[78] 桂士辉. 大名历史编年
[79] 搜狐、百度、搜狗等网站

后记

笔者自青年时期就喜欢关注家乡历史文化，出外旅行每每要与外地人津津乐道地谈起大名，聊起大名辉煌灿烂的历史和声名显赫的大名人物。2006年秋，一个偶然的机缘，笔者参加了《大名县志1979—2005》卷本的撰写工作，由最初撰写两章的任务到后来的十多章，进而担任副主编；由兼职撰写到专职投入编辑，越发不可收拾，遂对大名历史文化也越来越熟悉，了解越来越深刻，广度也在不断拓展。这也许就是缘分使然。

在对大名历史文化的考究中，发现有一系列成语典故是出自大名的历史人物或事件中，甚是惊喜。2010年春，在编撰《大名县志1978—2005》卷本时，起意加进“历史文化名城”一章（当时我县的“历史文化名城”还未申报），便陆续对“大名成语典故”进行搜集整理，将其作为此章的一节。2011年大名县方志办开通大名史志网（后更名为大名纵横网），遂将部分大名成语典故发布其上。在整理过程中，发现好多人对有些成语典故有明显的认识错误。比如“梅开二度”或“二度梅”这个成语典故，有相当剧情都发生在大名（府）城，而且梅良玉和陈杏元二人就是在大名（府）城劫后重逢——即梅开二度、再续良缘的，但几乎所有的人都认为此典为邯郸所属，这更使本人增强了整理大名成语典故的紧迫感，加快了搜集的节奏。

《大名成语典故》中汇集有大量富于教育意义且大众耳熟能详的人物、事件，其中有令人仰慕、侠肝义胆的“弃家赎友”“二子争死”等；有提升伦理道德的如“孔融让梨”“元振济窆”“路不拾遗”“折节力行”“安世不妄”“乱首垢面”“不解衣带”等；也有抨击丑恶的“闲花野草”“背约负盟”“鸡犬升天”“斗筲穿窬”等；有精忠为国的“被甲枕戈”“弃家报国”“奋不顾生”；有贤德能臣事迹像“一心穿地”“割股啖君”“殿上虎”等；有颇具智慧的“情生智隔、想变体殊”“造化忌盈，丰此啬彼”“鹅王吃乳”等；以及鲜为人知、极富生活情趣的“生张熟魏”“红丝结褵”等，林林总总、精彩纷呈。总之，大名成语典故从多角度彰显真善美，抨击假恶丑，以供存史、教化、资治、正己、自励。

拙作编写过程中，得原大名方志办杨达主任和现任刘冰主任的大力支持和鼓励，参阅了桂士辉先生的《大名历史编年》等著述，深受启发，在此特表感谢。限于时间和资料缺乏的原因，该册遗漏和谬误之处难免，望读者指正。

读者若发现有本书未收录的大名成语或典故，希望能告知（联系电话13730065299（微信同号），电子邮箱13730065299@163.com）。

编 者

2017年10月